Growth Methodology for SaaS Enterprises

SaaS增长方法论

田原 著

机械工业出版社
China Machine Press

图书在版编目（CIP）数据

SaaS 增长方法论 / 田原著. -- 北京：机械工业出版社，2022.6
ISBN 978-7-111-70706-6

I. ①S… Ⅱ. ①田… Ⅲ. ①软件 – 服务业 – 企业管理 – 研究 – 中国　Ⅳ. ①F426.67

中国版本图书馆 CIP 数据核字（2022）第 079455 号

SaaS 增长方法论

出版发行：	机械工业出版社（北京市西城区百万庄大街 22 号　邮政编码：100037）
责任编辑：	韩　蕊
责任校对：	马荣敏
印　　刷：	北京联兴盛业印刷股份有限公司
版　　次：	2022 年 7 月第 1 版第 1 次印刷
开　　本：	147mm×210mm　1/32
印　　张：	9.5
书　　号：	ISBN 978-7-111-70706-6
定　　价：	99.00 元

客服电话：（010）88361066　88379833　68326294　　投稿热线：（010）88379604
华章网站：www.hzbook.com　　　　　　　　　　　　读者信箱：hzjsj@hzbook.com

版权所有·侵权必究
封底无防伪标均为盗版

赞誉

SaaS 增长需要科学、体系化的思维，充分理解其本质，以客户体验和旅程为核心，通过强有力的组织和精细化的管理，实现规模化的增长。作为营销和增长领域的专家，《SaaS 增长方法论》是田原多年以来围绕以客户为中心的增长的洞察与实践，能够帮助读者获得从增长的本质、实现路径到典型案例的丰富知识，获益匪浅。

——吴明辉　明略科技创始人兼 CEO

本书是我读到的关于如何实现 ToB 增长的优秀图书，每个企业都渴望自己的产品能摆脱增长瓶颈，增长思想和增长方法论是这背后的核心要素，本书可以让创业者和从业者快速建立增长思想和方法论，书中很多内容让我十分受用。

——张威　蝉鸣科技创始人

田原老师的新书是我们行业的福利，通读后能够系统地了解优秀 SaaS 公司的增长体系，也解开了诸多营销和业务运营过程中的困惑。

——华俊武　酷绚科技（原酷学院）创始人

本书以新鲜的实战案例，帮助 SaaS 领域的从业者找到可借鉴的样板，期待这本书能孕育出更多更强健的 SaaS 行业领军人。

——马春荃　易快报创始人兼 CEO

本书深入浅出地介绍了当今环境变化给 SaaS 企业带来的营销挑战和应秉持的新思路，并给出了几种不同的增长方法，兼具创新性、系统性和实操性。如果你对 ToB 营销及增长有困惑，希望得到全面、深入、务实的解答，本书是极好的选择。

——周曼　云学堂市场副总裁

本书回归以客户为中心的本质，分析客户形态的变化、环境的变化、技术的变化及趋势的变化。本书提到的增长是一个复杂的工程，需要第一性原理从底层看清增长的本质。本书阐述了产品驱动、业务驱动、客户成功三大增长动因，以及一系列增长必备基本功，全面而翔实。既有理论分析，又有实操指导，是 SaaS 增长方面的优秀著作。

——董茹芳　微吼联合创始人兼 COO

本书详细介绍了 SaaS 创新增长的价值来源、增长方向、逻辑原则，是基于实践的论述及梳理，是现阶段 SaaS 企业及从业人士不可或缺的"学习笔记"。

——樊晓星　小鹅通联合创始人兼 COO

本书详细阐述了 SaaS 的增长动因、增长模型和基本功，可以把客户和产品很好地统一起来，从而形成增长正反馈，推荐 SaaS 创业者阅读本书。

——何润　致趣百川创始人兼 CEO

虽然SaaS企业的增长不存在万能的灵药,但一定存在关键的原则、逻辑与方法,本书能够帮助我们精准洞悉那些有价值的增长模型与方法论,无论是处在哪个阶段的SaaS公司,都能从中获益。

——兰希　分贝通创始人兼CEO

对于SaaS产品来讲,增长的逻辑和路径有着极其鲜明的特点和典型的方法,田原老师的这本书,就是揭示这种特点和方法的秘籍。书中数据丰富,案例翔实,堪称对当下中国SaaS行业全景的一次透视和扫描,对照之后很容易找到自身的问题和适用法则。而且,对于很多处于数智化转型的传统企业,也非常具有借鉴意义。

——王昆鹏　正和岛副总裁

本书紧贴行业实践,从价值源头追溯SaaS增长的逻辑,不仅带来丰富的案例,更带来开脑洞的启发。

——唐文　氢原子CEO、《轻营销:小预算玩转大市场》作者

本书有很多观点我比较认同,包括以客户为中心、产品驱动增长、价值销售等,对于SaaS领域的从业者会有比较大的帮助。

——屈凡利　前华为集团数字营销部部长兼南美洲地区部CMO

本书理论与实践相结合,用理论指导企业营收增长,规避前期可预见的风险。同时,也将实际应用案例中的经验进行总结,修正理论与实际的偏差,全面赋能企业全生命周期的营销增长。

——邹萍　36氪研究院

这是一本业内视角、理性与实操兼备的增长说明书。田原师姐是科技行业难得的女性从业者，本书推荐一读。

——张一甲　甲子光年创始人

知识付费已经深入人心，以 SaaS 为代表的企业应用付费时代也将迎来黄金期。对于企业级市场而言，SaaS 与传统软件的不同之处在于能够实时感知客户的温度。阅读本书有助于找到自己的方法论。

——崔强　崔牛会创始人

经过了野蛮生长的过程，SaaS 企业靠拼价格、跑渠道、拓代理商等方式寻求增长已成历史。本书帮助企业找到 SaaS 增长的方法论，企业需要真正回归以客户为中心，只有这样才能实现健康的、可持续的增长。

——朱强　To B CGO 创始人

本书详尽拆解了驱动 SaaS 企业增长的 3 种动因、驱动 SaaS 企业增长需要具备的 3 种基本功，并列举了 SaaS 企业增长的 3 种模型，能为 SaaS 行业从业者提供一些参考。

——班丽婵　CMO 训练营创始人兼 CEO

前言

为什么要写这本书

我在 2B 领域从事营销工作近 20 年,刚入行的那些年一直苦于没有成体系介绍 2B 营销的图书,这也是困扰很多 2B 营销从业者和管理者的问题。这些年来,我从市面上各种营销书中汲取了很多知识,在北京大学光华管理学院学习了营销学和工商管理课程。在日复一日的工作中向前辈、营销专家、同事学习,通过洞察、实践与复盘,不断成长和精进。

20 年前,我曾想,如果有人能专门写一本针对 2B 领域的营销方面的书那该多好!3 年前,公司高管开年度战略会,会后闲聊未来的小目标,我突然说:"我要在有生之年写一本专门针对 2B 领域的营销书!"以前在创业公司,充足的睡眠都是奢望,根本没有时间静下心来写书。2021 年是我的间隔年。简单来讲,就是仰望星空,发呆沉思。我笃定要开启事业和人生的下半程——利他。我阅读了 200 余本 2B 领域的图书,认识了 300 多位 2B 营销人士和创业公司的创始人、CEO,担任了 3 家创业公司的长期营销顾问,做了 100 多次公益营销咨询,回答大家关于营销的疑问或者职业发展的困惑,也终于让自己静下心来输出了一些有深度的文章。2021

年年底，我有幸被 CMO Club 评为年度十大 CMO 喜爱专栏作者，还有幸被微吼直播研究院和 ABM（Account Based Marketing，目标客户营销）增长研究院聘为荣誉顾问。更让我惊喜的是，机械工业出版社的杨福川老师找到我，邀请我写一本关于 2B 营销增长的书。在杨老师的指导和建议下，新书定位为 SaaS 增长方法论。

在决定接受杨老师的邀请前，我内心反复自问两个问题：第一，写书的目的是不是利他？第二，有没有形成自己独有的 2B 营销认知体系，并能输出差异化价值？我慎思良久，坚定了答案：第一，写书的目的是利他，为本土 2B 企业发展贡献一份力量；第二，在我心中，2B 营销认知体系已经从 20 年前的小苗成长为参天大树，经过 20 年的躬身实践和对诸多营销巨匠认知的洞察，我终于拥有了自己的 2B 营销认知体系。

所以，一念生则般若生！

本书聚焦于 2B 领域的 SaaS 赛道，探讨 SaaS 企业增长的底层逻辑和方法，通过解析三大增长动因，夯实三大增长基本功，构建三大增长模型，帮助 2B 企业实现增长。

SaaS 企业增长没有万能药，但增长一定有底层逻辑、核心原则与关键方法。希望读者在阅读和学习时，能发现那些帮助组织增长的价值点，进行实践并取得成果。更希望读者能通过实践，创新发展出更优方法。读者可以通过公众号"ToB 营销增长"与我联系，让我们一起提炼萃取，把成果分享给更多 2B 企业和同人，助力中国 2B 产业发展。积水成渊，聚沙成塔，我们终将会在利他的旅程中获得欢喜、成长、成就。

读者对象

本书为 SaaS 从业者量身打造，同样适合 2B 领域的营销者和管理者。具体读者对象如下：

- SaaS 企业及 2B 企业的管理者：创始人、首席执行官、首席营销官、首席增长官。
- SaaS 行业营销人员。
- SaaS 赛道的投资人。
- 对营销增长感兴趣，打算未来进入该领域的人。
- 工商管理学院、营销学院的学生和老师。
- 咨询公司的相关从业人员。

本书特色

本书最大的特色就是实战兼有理论研究。实战体现在案例集中，增长工具和实用模板颇多，深入浅出，看了就懂，拿了就用，用了就好。研究体现在回归本质探寻底层逻辑，抽丝剥茧构建体系框架，达到提炼方法论的高度。

本书坚持三个原则：第一，再复杂的事情，其本质都很简单，要回归本质层面做研究，遵循第一性原理；第二，体系、方法、案例要统一，缺一不可，这样才能让读者学得会、用得上、有收获；第三，尊重事实，尊重数据。

如何阅读本书

本书从逻辑上分为四部分。

第一部分（第 1 章）介绍本土市场 SaaS 企业客户的调研结果，让读者从客户视角开启本书的学习，了解数字时代的五大巨变和五大进化。

第二部分（第 2~4 章）介绍 SaaS 企业增长的三大动因——产品驱动增长、业务驱动增长和客户成功。

第三部分（第5~7章）介绍SaaS企业增长的必备基本功——客户旅程、获得客户洞见与价值销售。

第四部分（第8~10章）介绍SaaS企业的三大增长模型——黑客式、R2R式与导弹式。

勘误和支持

由于水平有限，编写时间仓促，书中难免会出现一些错误或者不准确的地方，恳请读者批评指正。为此，我在公众号"ToB营销增长"中开设了"SaaS增长方法论"栏目。读者可以将书中的错误发布在勘误表单中，也可以访问栏目内的Q&A页面。我将尽量在线上为大家提供最满意的解答，期待能够得到你们的真挚反馈。

致谢

首先感谢机械工业出版社的杨福川老师，如果没有他的邀请与指导，这本书可能不会出版，我多年前萌生的写书想法也无法落地。谢谢我的责任编辑韩蕊老师，她的专业和效率是一枚火箭，帮我高效地推进本书的出版。

感谢北京大学光华管理学院的各位老师，尤其是我的研究生导师符国群教授。当年跟随符老师一起做的毕业课题是我营销体系化的启蒙与奠基。感谢我在西门子、丹纳赫、蝶和科技和火石创造工作时的领导与同事。我们一起做了那么多的营销项目，有很多很成功也很有意义，这让我感到骄傲。人生难免聚聚散散，但我们很多人仍保持着联系，而且我确定你们会看我的书，因为这本书里有你们曾经的影子，所以我要毫不掩饰地表达我的感恩和珍惜，谢谢你们！

感谢东方富海合伙人陈利伟先生，正和岛副总裁王昆鹏先生，科特勒咨询集团全球合伙人、中国区总裁曹虎博士,《SaaS 创业路线图》的作者吴昊先生,氢原子 CEO 唐文先生,明略科技创始人兼 CEO 吴明辉先生,和创科技（红圈 CRM）创始人兼 CEO 刘学臣先生,分贝通创始人兼 CEO 兰希先生,前华为集团数字营销部部长兼南美洲地区 CMO 屈凡利先生,甲子光年创始人张一甲女士,36 氪研究院邹萍女士,ToB CGO 创始人朱强先生,崔牛会创始人崔强先生,CMO 训练营创始人兼 CEO 班丽婵女士,云学堂市场副总裁周曼女士,感谢各位在百忙中阅读样章,并给本书撰写推荐语。诸位都是时代先行者,都在用不同的方式推动着中国 2B 领域以及 SaaS 行业的发展。

接下来我要特别隆重地感谢提供精彩增长案例的几位 SaaS 企业创始人,你们跟我分享时的真诚和披露细节的深度,让我惊讶。因为在你们之前,我被拒绝过,原因是国内市场竞争太激烈,今天分享,明天就可能被抄袭。当然,我也非常理解和尊重这样的决定。为了给读者带来真实和有价值的头部企业的成功经验,我还是继续向头部企业创始人发出了邀约。终于,你们爽快地答应了我,并分享了极有价值和深度的企业增长故事。所以,我斗胆代表 SaaS 行业所有同人向你们表示诚挚的感谢!

感谢学家加创始人张威先生、易快报创始人马春荃先生、酷绚科技（原酷学院）创始人华俊武先生、神策数据创始人桑文峰先生和副总裁杨岚钦女士、微吼 COO 董如芳女士、小鹅通 COO 樊晓星女士、致趣百川创始人何润先生。感谢你们把数年实践的真知,无私地分享给同行。你们不仅是 SaaS 行业头部企业的领袖,更是引领中国 SaaS 行业发展的领袖。

此次机缘,还有很多头部企业没有来得及接触和访谈。希望在未来的日子里,能够邀约更多成功企业分享增长真知,助力 SaaS

行业加速发展，在此也提前感谢并发出邀约。此书虽写完，但分享、利他、成长、进化不止！

最后，感谢家人对我一如既往的支持。谢谢我的先生分享SaaS行业深度见地。他是中国企业级移动SaaS的第一批创业者，并有幸成为第一批上市企业的探索者。特别感谢我的两个女儿，6岁的然然和3岁的萱宝。虽然写书期间你俩明确抗议，妈妈怎么总是写作业！但是，你们给妈妈的璀璨笑容，让妈妈时不时变成"超人"，完成一些不可能完成的事情。愿你俩健康平安，过欢喜并有意义的人生！

谨以此书献给我亲爱的家人，以及众多坚持长期主义的2B营销人，你们最精彩！

目录

赞誉

前言

第1章 一切增长回到以客户为中心 1

1.1 不得不以客户为中心 1
1.2 五大巨变与五大进化 5
    1.2.1 巨变1：信息交换 5
    1.2.2 进化1：从拓客到引客 7
    1.2.3 巨变2：决策过程 10
    1.2.4 进化2：聚焦细分行业与老客户教育潜在客户社区 10
    1.2.5 巨变3：交换执行 11
    1.2.6 进化3：客户成功运营体系 12
    1.2.7 巨变4：增长数据化 14
    1.2.8 进化4：数据思维与工具 15
    1.2.9 巨变5：增长工程化 15
    1.2.10 进化5：增长全维度的工程化 16

1.3　本章小结　17

第 2 章　增长动因：产品驱动增长　18

2.1　PLG 的定义与适用范围　18
- 2.1.1　PLG 的定义　19
- 2.1.2　PLG 的典型 SaaS 企业　20
- 2.1.3　PLG 与 SLG 的对比　21
- 2.1.4　3F 确认原则　22

2.2　PLG 的"三好产品"标准　24
- 2.2.1　好颜值　24
- 2.2.2　好用　25
- 2.2.3　增长好　31

2.3　PLG 的执行地图　33
2.4　本土案例　39
2.5　本章小结　43

第 3 章　增长动因：业务驱动增长　45

3.1　酷绚科技的 T 型业务模式　46
- 3.1.1　背景和增长成果　47
- 3.1.2　酷绚科技增长的两个阶段　48
- 3.1.3　被钉钉赋能　49
- 3.1.4　跟客户共创产品　51
- 3.1.5　深耕 3 个行业　54
- 3.1.6　3 个核心能力　55
- 3.1.7　未来成功　57

3.2　学家加的垂直产业生态业务模式　58

		3.2.1	背景和增长成果	59
		3.2.2	增长三阶段	60
		3.2.3	3个关键点	61
		3.2.4	垂直产业生态业务	63

3.3 易快报的三级火箭业务模式 65
   - 3.3.1 背景和增长成果 65
   - 3.3.2 三级火箭业务模式 67
   - 3.3.3 增长旅程 68
   - 3.3.4 双轮驱动 71
   - 3.3.5 文化与组织力 71
   - 3.3.6 创始人的底层思维 72

3.4 本章小结 72

第4章 增长动因：客户成功 74

4.1 客户成功是SaaS持续增长的动因 75
   - 4.1.1 如何定义客户成功 79
   - 4.1.2 客户更需要先进的业务方法论 82
   - 4.1.3 客户成功与SaaS增长的底层关系 83

4.2 全生命周期的客户成功管理 87
   - 4.2.1 一个系统 87
   - 4.2.2 全生命周期客户成功管理 88
   - 4.2.3 客户第一价值 89
   - 4.2.4 客户成功分层管理 91
   - 4.2.5 终极目标必须分步实施 92

4.3 搭建客户成功团队 93
   - 4.3.1 客户成功团队职能概述 94

4.3.2　数字化赋能客户成功团队　　96
　　　4.3.3　客户成功团队的衡量指标　　97
　4.4　本章小结　　98

第 5 章　增长必备基本功：客户旅程　　100

　5.1　客户旅程的重要性　　101
　　　5.1.1　SaaS 增长的基础地图　　101
　　　5.1.2　数字营销的起点　　103
　5.2　客户旅程　　104
　　　5.2.1　销售全流程　　105
　　　5.2.2　客户认知全流程　　110
　　　5.2.3　内容　　111
　　　5.2.4　渠道　　112
　　　5.2.5　行动　　112
　5.3　绘制客户旅程的步骤　　113
　　　5.3.1　锁定目标市场　　113
　　　5.3.2　调研　　114
　　　5.3.3　绘制客户旅程　　116
　　　5.3.4　测试和迭代　　119
　5.4　本章小结　　121

第 6 章　增长必备基本功：获得客户洞见　　123

　6.1　VOC　　124
　　　6.1.1　VOC 的标准化流程　　124
　　　6.1.2　VOC 第一阶段详解　　125
　　　6.1.3　VOC 第二阶段详解　　131

####### 6.1.4　VOC 第三阶段详解　136
6.2　沉浸式调研　138
####### 6.2.1　2B 专有的沉浸式调研　138
####### 6.2.2　沉浸式调研的适用场景　139
####### 6.2.3　在客户那里工作几周　140
####### 6.2.4　把洞见带回公司，让改善落地　141
6.3　长老会　141
####### 6.3.1　用 1/6 的时间实现新市场开拓　142
####### 6.3.2　SaaS 企业需要的 2B 思维　143
####### 6.3.3　拜寻长老　144
####### 6.3.4　长老会的形式　144
6.4　社区　144
####### 6.4.1　共创　145
####### 6.4.2　小鹅通　146
####### 6.4.3　PingCap　146
6.5　本章小结　147

|第 7 章|　增长必备基本功：价值销售　148
7.1　价值销售　148
####### 7.1.1　价值是什么　148
####### 7.1.2　价值销售需要的方法和工具　149
7.2　2B 客户需求　152
####### 7.2.1　2B 需求金字塔　152
####### 7.2.2　回归客户业务场景找价值　153
7.3　价值传递　156
7.4　销售团队的价值销售　159

- 7.4.1 销售的效率和效果 ... 159
- 7.4.2 60∶30∶10 原则 ... 160
- 7.4.3 销售漏斗管理 ... 160
- 7.4.4 FAB 法 ... 163
- 7.4.5 价值量化和货币化法 ... 164
- 7.4.6 SPIN 方法 ... 165
- 7.4.7 跟成功企业学价值销售 ... 167
- 7.5 本章小结 ... 169

第 8 章 SaaS 增长模型：黑客式 ... 170

- 8.1 SaaS 增长模型概述 ... 170
  - 8.1.1 SaaS 增长的本质 ... 171
  - 8.1.2 SaaS 的 3 种增长模型 ... 174
- 8.2 选对模型，SaaS 企业才能快速增长 ... 177
  - 8.2.1 黑客式增长模型 ... 177
  - 8.2.2 黑客式增长适用企业的参考标准 ... 179
  - 8.2.3 典型案例 ... 181
- 8.3 要增长，先组队 ... 183
  - 8.3.1 数字时代下的增长 5 人组 ... 183
  - 8.3.2 如何消解阻力 ... 185
- 8.4 好产品是增长的根本 ... 186
  - 8.4.1 Pre 版和典型客户的价值 ... 187
  - 8.4.2 找到产品的"啊哈时刻" ... 188
  - 8.4.3 设计病毒循环 ... 189
- 8.5 制订增长计划 ... 190
  - 8.5.1 北极星指标 ... 190

8.5.2 增长与黑客式漏斗 ... 191
8.5.3 筛选并测试最优渠道 ... 192
8.5.4 增长实验计划与看板 ... 194
8.5.5 选择客户数据管理系统 ... 194

8.6 实现增长 ... 196
8.6.1 获客 ... 196
8.6.2 激活 ... 198
8.6.3 留存 ... 200
8.6.4 A/B 实验与归因分析 ... 202

8.7 商业成功 ... 203
8.7.1 定价法则优化增长 ... 203
8.7.2 客户成功优化增长 ... 204

8.8 另一种商业成功 ... 205
8.9 本章小结 ... 206

第 9 章 SaaS 增长模型：R2R 式 ... 207

9.1 R2R 式增长模型 ... 208
9.1.1 SaaS 企业盈利重要吗 ... 210
9.1.2 SaaS 企业需要高效增长 ... 210

9.2 R2R 式增长模型结构 ... 212
9.2.1 R2R 漏斗模型 ... 212
9.2.2 R2R 增长方程式 ... 214
9.2.3 增长工具 ... 215
9.2.4 增长思维 ... 216
9.2.5 不一样的组织力 ... 217

9.3 R2R 式增长模型落地 ... 219

9.3.1　目标与增长看板　219

9.3.2　客户旅程　220

9.3.3　规模化获客体系　222

9.3.4　孵化体系　228

9.3.5　R2R 流程中的销售职能　230

9.4　让客户成为增长引擎　231

9.5　R2R 国内外案例　232

9.5.1　HubSpot 案例　232

9.5.2　神策数据案例　236

9.6　本章小结　242

|第 10 章| SaaS 增长模型：导弹式　244

10.1　导弹式增长模型　246

10.1.1　导弹式增长模型适用企业的参考标准　247

10.1.2　营销难度大的原因　248

10.1.3　导弹式增长需要专注　249

10.2　增长的生命周期　250

10.2.1　科技企业生命周期　250

10.2.2　第一个阶段：创新者　251

10.2.3　第二个阶段：早期采用者　254

10.2.4　鸿沟——跨越死亡陷阱　255

10.2.5　第三个阶段：早期大众　256

10.2.6　第四个阶段：晚期大众　259

10.2.7　第五个阶段：滞后者　260

10.3　导弹式增长的落地　260

10.3.1　让产品适配市场与确定利基市场　260

		10.3.2 破圈	263
		10.3.3 SLCK 策略	264
		10.3.4 饱和攻击营销法	267
	10.4	**数字时代垂直行业 SaaS 的必然性**	277
		10.4.1 数字时代和互联网时代的本质区别	277
		10.4.2 垂直行业需要小而美的 SaaS 产品	277
		10.4.3 SaaS 企业成功与否的衡量标准	278
	10.5	**本章小结**	279

| 第 1 章 |

一切增长回到以客户为中心

以客户为中心,是当下企业谈及越来越多的主题。谈增长,自然要回到以客户为中心这个主题。本章将解析工业时代到数字互联网时代的变迁所引起的供需关系变化,这是企业必须以客户为中心的根本原因。在此变迁过程中,客户端呈现巨变,企业端也开始进化。

希望读者能够从更深层次理解为何要以客户为中心,并且认识到数字时代的新四化,即数字化、移动化、AI 化、工程化,是推动企业敏捷进化的轮子。为了驾驭这 4 个轮子,实现数字时代降本增效的增长,我们必须认识到数字思维和工程思维的重要性。毕竟,企业需要的不只是数据,还需要更聪明的决策。

1.1 不得不以客户为中心

农业和工业时代初期和中期,很多产品都是短缺的,供求关系决定了那是卖方市场，那个时代的经济中心是用于交易的"商品"。工业时代后期，制造能力强，产品丰富，竞品众多，商品升级为有品牌价值的"产品"，并围绕着"产品"发展出很多高于产品本身的价值，如品牌、文化等。买方此时在交易中拥有了选择权，同时对价值的诉求也增强了，市场开始从卖方市场转向买方市场。

数字经济时代在互联网时代之后到来。互联网时代下信息越来越透明，买卖双方的信息不对称现象基本消失。买方逐渐获得了市场的主导权。买方的目的是朝着更好的方向发展，卖方就要围绕买方的需求提供新的解决方案。在数字经济时代，"客户"成了经济新中心。数据让运营客户变成了可追踪、可量化的工作流，以客户为中心成为企业在数字时代的必然选择。

1. SaaS 已经进入买方市场阶段

过去 2B 企业讲的以客户为中心，不免有点品牌文化的味道。今天，以客户为中心已经深化到 SaaS 企业运营的各个方面。如果还未深刻认识到以客户为中心的重要性，将是极具风险的。从供需变化来看，2010 年在中国市场找不到本土 MarTech（Marketing Technology，营销技术）功能的 SaaS 工具。2015 年中国市场有了第一款本土 MarTech 工具，到了 2021 年，市场上提供 MarTech 工具的企业超过 20 家。一个客户同时面对几十个供应商，这就是典型的买方市场。

中国 SaaS 赛道的创业团队越来越多，目前已超过 6000 家。本土市场 SaaS 产品的同质化问题比较严重，毕竟过去 30 年中国 2B 赛道创业企业的行为模式还是学习与模仿国际先进品牌。在行业内经常听到的故事是，某公司说需要 SaaS 工具，让我们去做演示,不久后他们自己做了个同款的产品。之所以有这样同质化的竞争,根本原因是国内 SaaS 行业以客户为中心做得不好。

我在美国出差时曾跟几位 SaaS 创始人聊天,问他们当初如何决定做个什么样的产品的。他们的回答基本都是,"我们研究客户,从热门应用方向看客户还有哪些需求没有被满足,找到一个其他企业还没做的应用侧,切进去",或者"我们有一个创新的想法,有机会颠覆某个方向的现有头部企业"。大部分创业团队通过找热门领域的新需求侧切进去。拿西瓜举例,他们是发现了一个大西瓜,竞争对手从不同的方向切一块。咱们是发现了一个大西瓜,一个企业切了一块,其他企业也冲着那个位置下刀,结果谁都不能吃得痛快。为何我们的 SaaS 企业看不到那么多的需求侧,根本原因是对客户研究得不够深入。当然,好的现象是如今越来越多的 SaaS 企业已经回归到用户端找新需求侧,并且取得了更快、更好的发展。

举个例子,Moka 在创业初期通过大量用户调研确定公司只做人事六大模块中招聘模块的招聘流程这一业务,创业期前 3 年只做互联网客户,其他行业客户订单一律婉拒。创业 5 年实现营收过亿元并盈利,2021 年完成 C 轮 1 亿美元融资。Moka 在本土 SaaS 赛道,无论发展速度还是盈利能力,都是突出的。Moka 公司的核心价值观是"以客户为中心"。举个他们以客户为中心的例子,Moka 在线客服反应速度是 8 秒内,一个 2B 企业的客服反应速度比 2C 的淘宝客服都快。可见它把以客户为中心做到了极致。

2. SaaS 的本质决定 SaaS 必须以客户为中心

2B 领域因为专业性高,很多垂直行业的产品被掌握先进技术的企业定义,在高精尖的领域,产品可以引领客户,比如 5G、特高压输电、高铁技术、核电技术等，持有这些领先技术的头部企业可以在产品端以创新为中心，在营销端以客户为中心。

SaaS的本质是服务，服务客户被先进业务方法论赋能。在CRM（Customer Relationship Management，客户关系管理）、SCRM（Social Customer Relationship Management，社会化客户关系管理）、办公协同、供应链等SaaS领域中，卖工具的实质是卖更好的工作方法论，毕竟工具只有用得好、用得对，才有价值。所有的业务方法论需要适配客户才能执行，这就要围绕客户去设计产品，执行培训，进行持续维护，让先进的业务方法论赋能客户，实现客户终身价值。

在本土SaaS客户调研中发现，用户常用的SaaS工具的功能不超过30%。为何客户日常不会使用SaaS工具的大部分功能？表面看起来是客户不会用，SaaS企业没有培训用法，实际上是由于客户没有掌握先进的业务方法论，因此根本没有用更多功能的理由。只有当客户有明确的业务优化目标和方法后，才会使用SaaS工具一步步实现。

3. SaaS的核心评估指标反映SaaS要以客户为中心

SaaS企业的运营与评估指标有两类，一类是结果指标，另一类是过程指标。年度经常性收入、月度经常性收入、客户终身价值等都是结果指标。客户净推荐值、客户留存率、客户流失率、客户满意度等都是过程指标，直接影响SaaS企业的增长和盈利能力。由此可见，SaaS创造与交换价值的全流程本就该以客户为中心，这样指标和实践才统一。

基于上面三点可以确定，以客户为中心是SaaS企业的立命之本，是业务运营的唯一北极星指标。当下，恰逢技术周期、产业周期、国家经济周期迭代，势必会新生一批公司，淘汰一批公司。以客户为中心，是远见，当立行。

1.2 五大巨变与五大进化

聚焦到本书主谈的增长，一个企业的增长归根结底要体现在营收规模上。增长的本质是交易，交易的本质是价值交换。如今价值交换的全流程，相比过去发生了五大巨变，变化催生进化，诞生了对应的五大进化。

价值交换流程是信息交换→决策过程→交换执行。价值交换流程的每个阶段都发生了巨变，信息交换的巨变、决策过程的巨变、交换执行的巨变。除此之外，数字化还催生了增长数据化巨变和增长工程化巨变。

1.2.1 巨变1：信息交换

价值交换的起点是信息交换。在以产品为中心的时代，卖方背靠产品找买方。电话营销、上门拜访、参加线下展会和行业协会举办的专业会议是普遍方式。

20年前，客户听说有个新产品，还是很好奇的，这时候邀约拜访客户也很轻松。10年前，客户听到手机铃声，就会第一时间处理，因为那个年代，错过电话有可能错过重要的机会，接电话是个紧急又重要的事情，所以即使是陌生的营销电话，也会聊上几句。

今天呢？客户排斥被电话营销！

2021年12月，一项联合多个社群的SaaS客户体验调研显示，66%的客户对陌生营销电话持负面态度，只有34%的客户认为暂且可以接受，如图1-1所示。竟然没有客户表示对陌生营销电话支持和喜欢，毕竟这几年的电话营销太泛滥了。所有的营销方法都有周期性。

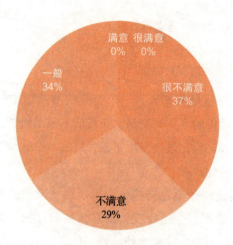

图 1-1　SaaS 客户对陌生营销电话的态度

讲个故事,我曾任某公司的中国区市场负责人,在 2010 年之前,公司一直拥有 50 多人的电话销售团队,效果非常好,每年都能实现超过竞品数倍的增速。自 2010 年起,电话销售的效率曲线发生了变化,直觉和数据都告诉我们,电话销售方式已越过了顶峰,开始走下坡路。当然,从下坡路到谷底之间还有一段距离,仍然有 10 年左右的生命线。当时微博、微信刚刚出现,我们转向了能更好地跟客户互动的线上渠道,目的并非只是线上营销,而是累积客户信息和客户数据。

那个年代还没有"私域"一词,不过实质跟私域一样。最近 5 年公司基本没有太多营销花费,因为 90% 的客户信息都在公司的客户系统中,只要接入一些自动化营销工具,就能实现持续增长。随着数字营销 ROI(Return On Investment,投资回报率)逐年提升,到 2013 年公司决定逐步取消电话销售团队。到 2015 年公司彻底没有电话销售这个部门了,取而代之的是数字营销团队。

我们来看客户的行为变化,受疫情影响,见面都成了有风险的事情，线下活动大部分被取消，常规价值交换的起点被阻断，拓客方式在疫情催生下发生了颠覆性的改变。

根据此次调研，2019年到2021年的2年间，企业围绕增长的主要行为有近五成由线下转向线上，也就是客户的时间分配方面，线上对比线下从之前的1∶9调整到6∶4。

1.2.2 进化1：从拓客到引客

既然有巨变，就一定有公司在进化。针对价值交换的起点，即信息交换，卖方从拓客转变为引客。

业界常用一个词，叫作集客式营销（inbound），意思就是吸引客户主动找上门。那么凭什么客户主动找上门？凭价值！这里面蕴含3个关键点——客户认可的价值而非企业以为的价值、新渠道多维连接客户、被吸引来的客户能着陆。

1. 客户认可的价值

经济中心从"产品"转到"客户"，价值就不再是站在产品的角度自卖自夸了，而是站在客户的角度去了解客户的需求，传递客户需要的价值。

举例来说，对比是最简单的看清差异的方法，以下2个示例分别是以产品为中心的价值传递和以客户为中心的价值传递。

以产品为中心的价值传递示例如下。

SaaS营销人员：李总，您想了解自动化营销工具是吧？

李总：是的。

SaaS营销人员：您找我就对了，我们公司的产品是市场第一，我来给您讲讲我们产品的功能……

李总：功能挺多，需要招聘几个新人才能用起来你们这个产品。

以客户为中心的价值传递示例如下。

SaaS 营销人员：李总，您在我们官网咨询自动化营销，我能了解您考虑这类工具的主要目的吗？

李总：我们公司最近又新招聘了几个销售，我看看有没有新的工具能帮助他们。

SaaS 营销人员：明白，那咱们老销售目前是什么情况？

李总：由于老销售目前拓客比较难，因此老销售人员流动很大。其实我是想解决销售流动这个问题，毕竟招人也不容易。

SaaS 营销人员：明白了，李总！您的问题其实很多公司都遇到了，咱们这个行业属于红海，竞争激烈，销售本来该干的是谈订单、收款。如果现在让他们做很多开拓市场这些他们不擅长也不感兴趣的事情，他们显然做不好，流动性就大。自动化营销工具刚好就是把获客的工作和销售的工作分开，销售定期得到优质的线索，就能专注结单，为公司带来业绩增长。我给您看个类似的企业案例吧！

李总：太好了！如果真能解决我这个大麻烦，这周就付款。

从这个对比案例可以看出，客户不在乎你的产品好不好，客户在乎的是自己能不能用了你的产品后解决问题。

2. 新渠道多维度连接客户

一方面客户的行为往线上迁移，另一方面 SaaS 企业要有效吸引客户。那么一两个价值触点是不够的，要在线上布阵内容和渠道。当然这个布阵不在大小，在于效果与效率最优。今天是数据时代，所有的线上互动都是可追踪和可量化的，最优布阵往往 3~6 个月就能验证出来。

搜索类仍是被 SaaS 验证 ROI 最高的一项（除了病毒式传播），

优化的内容是 SEO（Search Engine Optimization，搜索引擎优化）和 SEM（Search Engine Marketing，搜索引擎营销），卖方企业要做好官网设计以及基于场景的优质内容。社交媒体如自建的公众号、视频号、直播平台都是内容的载体，精准信息流渠道也是可以尝试的投放渠道。

3. 被吸引来的客户能着陆

客户被内容吸引而关注卖方后，接下来就是必须让客户着陆。现在的着陆点比较多，官网、公众号、H5 界面、直播留资界面等。让客户着陆需要注意 3 点：降低摩擦，急速跟进，管理工具。

- 降低摩擦：登录少于 3 个步骤。这虽然是普遍认知，但是实际情况是经常要五六步才能完成留资。我曾辅导一家企业优化了登录流程，从 5 步改到 2 步，投放后注册转化率从 2.9% 提高到 8.5%。
- 急速跟进：过去跟进一个客户线索要多久？48 小时是业界的普遍要求。现在，Moka 做到了客服响应时间低于 8 秒，8 秒比咱们在淘宝购物时淘宝客服的平均回复速度还快。这就是 Moka 的客户净留存率能做到 10% 的原因，而该赛道的 SaaS 企业平均净留存率是 -10%。
- 管理工具：客户接收企业的价值是多触点多渠道的，让客户留资是远远不够的，还要收集、管理客户的触点行为数据，记录客户完成价值交换全流程（销售全流程）的数据。对于卖方企业来说，就是基于用户管理实现增长的预测和流失的预警。市场上的管理工具有很多，基础的就是客户数据系统和自动营销工具。国内的自动化营销工具有很多，本章不多做介绍。

1.2.3 巨变 2：决策过程

疫情无疑让 SaaS 上了加速赛道，典型的变化就是小企业付费意愿增加，大企业付费流程加速。

随着中国产业的发展，有的产业已经领先，没有可以直接参考的范本。更多的情况是中国有自己的市场特色，大家也不再粗放地学习国外知名企业。当下影响决策的挑战是，买方说不太清楚自己具体想要什么，卖方又不太懂买方的行业。图 1-2 代表了客户的声音，71.4% 的客户反馈，SaaS 公司在售前只理解他们的部分需求。另外经过调研也发现，客户目前了解 SaaS 产品的主要途径，排第一的是同行推荐，高达 71%，也就是 71% 的客户首选找同行了解一个 SaaS 产品。

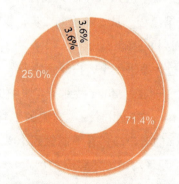

■ 他们只理解部分需求，因为他们不太懂我的行业
■ 是的，他们倾听，理解我的需求
■ 他们在自说自话
■ 其他

图 1-2 SaaS 企业是否理解客户需求

1.2.4 进化 2：聚焦细分行业与老客户教育潜在客户社区

SaaS 企业逐步认识到 SaaS 的属性是提供服务，而服务对象对

专业性的诉求也在推动 SaaS 企业进化。SaaS 企业呈现出两个典型的进化，一个进化是开始聚焦在某个细分行业，经过产品与市场适配（Product Marketing Fit，PMF）过程，找到利基市场，并且垂直深挖；另一个进化是启动运营老客户教育潜在客户的用户社区。

老客户教育潜在客户的用户社区，并不是简单地让老客户分享案例或者做几次直播，而是构建一个系统。构建思路是首先提升老客户的价值，然后把提炼的价值反向输出给潜在用户。构建价值流动的客户社区，根本目标是回归新老客户的需求，老客户的需求是价值提升，包括自己的成绩被内部看到、自己的成绩被外部看到、组织的增长更好、组织的品牌价值更高；而新客户的需求是了解产品、是否有用、知道产品如何启动、确认自己做了最好的选择。

将老客户的实践成果经过加工流向潜在客户，形成老客户与潜在客户之间的价值流动，提效潜在客户的转化。表 1-1 列出了详细的做法，读者可以仔细研读。老客户满意度提升的同时，潜在客户的转化效率也会大幅提高。

1.2.5 巨变 3：交换执行

价值交换执行就是签约与支付。SaaS 行业这几年最大的变化就是客户成功。价值传递的终点不再是签约、交付、收款，而是变成更长周期的客户成功。SaaS 企业更关注客户终身价值（Customer Lifetime Value，CLV）。客户终身价值是衡量 SaaS 企业可以从客户那里获得的总收入，即客户注销账户前企业获得的累积收入。客户终身价值的计算公式如下：

$$CLV = ARR \times 客户平均生命周期$$

表 1-1 构建老客户驱动潜在客户的客户社区

构建客户社区		
新客户的需求	连接	老客户的价值提升
了解产品		自己的成绩被内部看到
是否有用		自己的成绩被外部看到
知道产品如何启动		组织的增长更好
确认自己做了最好的选择		组织的品牌价值更高
老客户的价值升级	内容与执行	
自己的成绩被内部看到	成果报告	
	高层汇报会	
自己的成绩被外部看到	基于场景的案例	
	直播、专访、会议嘉宾、KOL	
组织的增长更好	培训	
	阶段成果报告	
组织的品牌价值更高	媒体报道	
	其他同行来学习和交流	
潜在客户的孵化	内容与执行	
了解产品	看成功客户直播、专访、文章	
是否有用	发送并讲解成功客户案例（同行业）	
知道产品如何启动	采纳老客户成果报告转化的启动手册	
确认自己做了最好的选择	跟成功客户交流学习	

（老客户教育潜在客户）

举一个例子，一个 SaaS 企业的年度经常性收入（Annual Recurring Revenue，ARR）为 2000 元，平均客户生命周期是 4.5 年，那么 CLV 等于 2000×4.5=9000 元。如果一个 SaaS 企业的月度经常性收入（Monthly Recurring Revenue，MRR）为 200 元，平均客户生命周期是 3.5 年，那么 CLV 等于 200×12×3.5=8400 元。

1.2.6 进化 3：客户成功运营体系

认识到客户成功的重要性之后，SaaS 企业需要构建客户成功体系。本节分享头部 SaaS 企业在客户成功方面的 6 项最佳实践。

1. 重要的前 90 天

客户使用产品初期的前 90 天需要经过精心设计,虽然采纳标准的流程也是可以的,但是要有 80% 标准、20% 专属的比例分配。这 90 天主要是保证客户能够全面掌握 SaaS 的使用,并且结合自己的业务场景,验证实际价值。

90 天后要有持续的接触,除了自动化营销接触点外,每月接触一次客户,大客户应该每周接触一次,最重要的客户应该每周接触多次。接触的方式可以是会议邀请、分享新案例、发一个微信或者打一个电话。

2. 被设计的体验流程

客户体验流程一定需要设计,如图 1-3 所示,从调研结果来看,高达 46% 的客户并不能顺利掌握一个 SaaS 工具的使用,那么 SaaS 企业的培训和体验设计必须从易到难,按照阶段划分,每个阶段有目标、有培训、有考核。

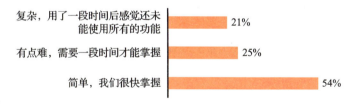

图 1-3 用户常用 SaaS 工具掌握的难易程度

3. 跨团队共享数据

防止客户流失是企业的重要工作,客户成功团队并不是唯一对此负责的团队。客户成功经理负责记录和客户的每次重要的对话、互动，并且定期在企业内共享。

4. 定期反馈、审查、培训

SaaS 企业客户成功团队需要设计客户反馈标准流程，定期反馈客户是否遇到了问题，并和相关部门一起审查问题所在，尽快解决关键问题，必要的培训要即刻执行。

5. 显化客户成功

让客户成功显化，这一点特别重要。要让客户成功变成看得见、摸得着的实物。1.2.4 节已经详述，老客户的需求是价值提升，包括自己的成绩被内部看到、自己的成绩被外部看到、组织的增长更好、组织的品牌价值更高。

6. 使用出色的客户成功工具

客户成功也有很多成熟的工具，主要是记录客户的互动数据以及反馈和培训等信息。客户成功工具一方面可以方便地跟公司其他部门分享客户信息，另一方面也可以预警哪些客户有流失的可能，提前优化客户服务，挽留客户，延长客户的终生价值。

1.2.7　巨变 4：增长数据化

数字中国带动企业全面数字化，包括在增长层面，不局限于财务指标的数字化，而是各个增长因素的全面数字化。

业务数据的颗粒度越来越细。与增长相关的数据，从最初的财务数据，到用户数据，再到用户行为数据，数据种类和数量都呈现指数级增加。用户行为数据也从年度的采购数据，一下就到了实时的互动数据，目前 2B 企业已经开始构建 B 端客户全生命周期的结构化数据库。

增长评估的颗粒度也随之细化。营销战略有 4P，即产品

（Product）、价格（Price）、营销（Promotion）、渠道（Place）。如今多了一个数据（data），4P 变成了 4Pd——产品数据（Product data）、价格数据（Price data）、营销数据（Promotion data）、渠道数据（Place data），外加呈现 4P 综合效果的运营数据（Operation data）。以往看增长，看的是结果；现在看增长，是看一组数据群包含的增长结果和全过程。事物的呈现方式不同了，那么分析事物的思维方式就要随之改变。

1.2.8 进化 4：数据思维与工具

数据思维就是将增长的因素数据化，洞察数据运营增长。我们把抽象的概念具体化，比如以前营销管理的主要方式是开会，销售人员讨论手里的商机；现在则是根据线索和商机的数据，考量总量和转化率，然后谈怎么增加总量，怎么提高转化率。

以前说客户跟我们关系好，现在说我们客户的 NPS（Net Promoter Score，净推荐值）是 15 分，高出行业平均值，客户成功做得很好。以前我们总结上个月办了 3 场线下会议，现在我们总结上个月办了 6 场线上会议，产生了 300 个线索，线索 ROI 是 30 元。**用数据解释工作就是数据思维。**

因为 SaaS 工具本身就是加工数据产生的更聪明的决策，所以 SaaS 工具本身就是数据化的进化产品。

1.2.9 巨变 5：增长工程化

数据毕竟是生产材料，有了数据，企业需要做出更聪明的决策，这就需要工程化的方法论来重新构建增长。

工程思维就是把事物结构化，让优化和预见可衡量。

举个例子。销售电话跟进集客式营销获得的线索，通常叫集客式营销线索，打电话的效率标准是什么？同一个客户到底是多打几次好，还是少打几次好？正常企业可能会觉得这是不解之谜。HubSpot 增长负责人马克·罗伯格是个典型的工程思维高手，他把收益率、打电话次数、企业规模这 3 个因素挑选出来，发现了它们之间的关系，如图 1-4 所示。

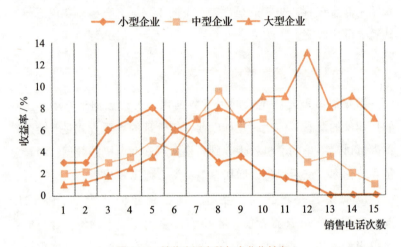

图 1-4 销售电话次数与企业收益率

由此可见，电话不是打得越多越好，也不是打得越少越好。针对小企业客户，销售打 5 次电话的收益率最高；针对中型企业客户，销售打 8 次电话的收益率最高；针对大型企业客户，销售打 12 次电话的收益率最高。工程思维让增长可结构化、可量化、可优化，甚至可预测。

1.2.10 进化 5：增长全维度的工程化

如今的 SaaS 企业已经从各方面开始使用工程方法论去构建增长。与增长最相关的就是产品、业务、营销、客户成功。只要能找到某一方面具体的增长公式，就是工程方法论的应用。

工程化赋能的点有很多，从营销方面看，不但流程可以工程化，甚至招聘营销人员都可以工程化，销售的营销话术也能被工程化。

最近，基于自然语言处理（Nature Language Process，NLP）技术的 SaaS 产品 Gong 就分享了数据解析的 15 个顶级销售技巧。比如一个成功的陌生拜访电话，谈话与倾听的比率是 55∶45。问客户"最近怎么样？"要比不问这句话的成功率高 6.6 倍。

这组数据非常有趣，成功的陌生拜访电话被解构成几个明确的因素，可衡量、可优化。工程化和数据化本来就是搭档，数字化让企业行为成为可衡量的数据，工程化让数据构建成更聪明的决策。

1.3 本章小结

增长是一个复杂的系统工程，需要用第一性原理从底层去看清增长的本质。本质是增长的地基，而不同时代增长的原则会演变，今天及未来数字时代的增长原则是以客户为中心。增长的工具是新四化，而增长的思维是数字化和工程化思维，数字时代需要我们升级思维，用数字化和工程化思维让新四化为企业赋能。在增长的征途中增长践行者需要时刻铭记，企业增长要的并不是数据，而是基于数据做出的更聪明决策！

第 2 章

增长动因：产品驱动增长

本章主要介绍近几年全球 SaaS 赛道非常热门的话题——产品驱动增长（Product-Lead Growth，PLG）。为了帮助读者更轻松地掌握 PLG，本章从以下 3 个部分来入手：PLG 的定义与适用范围，PLG 的"三好产品"标准、PLG 的执行地图。

本章侧重介绍 PLG 模式。PLG 是企业 J 形增长的动因之一，也可以理解成一种进入市场的策略（Go To Market，GTM）。增长是个系统工程，要用模型化思维去理解和掌握。

2.1 PLG 的定义与适用范围

产品一直是驱动企业增长的动因之一，过往 2B 企业为了实现持续的业务增长，总会推出新产品。但是今天的 PLG 并非传统概念中的发布新产品,而是在没有销售团队的情况下,依靠口碑形成爆发式 J 形增长的模式。采用 PLG 模式的 SaaS 公司只用 2~3 年时间,就能实现营收增长达到其他公司 10 年增长的效果。

图 2-1 是 ARR 从 0 到 1 亿美元的 SaaS 企业的增长曲线。横坐标是企业成立时间,单位是年;纵坐标是 ARR,单位是百万美元。图中显示,PLG 的典型企业 Slack 通过短短 3 年时间就实现了 ARR 过 1 亿美元;Shopify 用了 7 年突破 1 亿美元;Blackline 则用了 14 年实现 ARR 1 亿美元。Slack 仅用 3 年就实现了其他 2B 企业 7~14 年的增长成果,这打破了大家对 SaaS 业务增长的认知,原来 SaaS 产品也可以像 2C 产品一般极速增长。

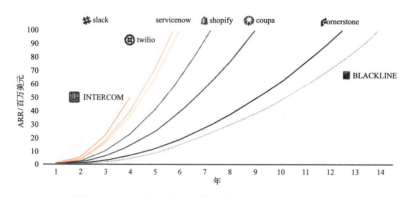

图 2-1　ARR 从 0 到 1 亿美元的 SaaS 公司的增长曲线

PLG 模式的 SaaS 企业市场规模发展很快,从 2015 年的 170 亿美元增长到了 2020 年的 6870 亿美元。2018 年 PLG 模式的 SaaS 企业迅速增加,核心原因是云应用的高速发展带动了基于云的 SaaS 企业爆发式增长。

2.1.1　PLG 的定义

PLG 的概念源于美国,是一种专注用户的增长模式,依靠产品自身拉动客户的获取、转化和规模化。

我对 PLG 的定义是，依靠免费、好用的 SaaS 产品，凭借口碑快速获取超体量用户，实现客户获取、留存、转化付费的增长模式。PLG 增长曲线是典型的 J 型曲线。

如果将 PLG 总结成 3 个关键词，那就是**好产品、口碑病毒式、J 型增长**。

2.1.2　PLG 的典型 SaaS 企业

根据报道，2020 年年底，美国有 21 家 PLG 模式的 SaaS 企业上市，如图 2-2 所示。

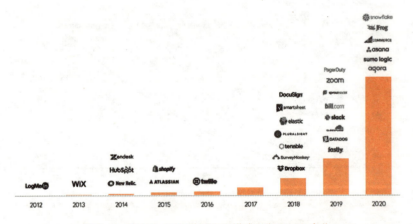

图 2-2　2012～2020 年 PLG 模式上市 SaaS 企业

我们一起看看国内外符合 PLG 模式的典型 SaaS 企业。PLG 模式的产品主要是协同工具和开展业务的支持性工具。相比国外的 PLG 公司，本土市场还刚起步，仍有很多空白领域有做 SaaS 产品的机会。表 2-1、表 2-2 分别是国际知名和国内 PLG 模式的 SaaS 产品及功能介绍。

表 2-1 国际知名 PLG 产品及主要功能

SaaS产品	Slack	Dropbox	Zoom	Atlassian	Snow-flake	Figma	Canva	Assana	Shopify
功能	协同办公	跨平台的文件在线存储、同步及分享解决方案	会议工具	软件开发和协作工具	云端存储、管理资料的"数据仓库"服务	设计协作平台	设计平台	协同办公	在线开店工具

表 2-2 中国本土典型的 PLG 产品及主要功能

SaaS 产品	飞书	钉钉	腾讯会议	石墨文档	有赞	蓝湖
功能	协同办公	协同办公	会议工具	协同办公	在线开店工具	设计协作平台

目前 PLG 模式的产品集中在协同、存储、数据管理这些通用型、支持型的服务应用上。其中就有 PLG 界的传奇公司 Slack，目前增长纪录的保持者。Slack 是一款内部协同的 SaaS 产品，与国内的钉钉、企业微信、飞书属于同一类协同办公 SaaS 产品。Slack 的增长传奇，至今还未有公司可以超越。作为成立 8 个月就突破 10 亿美元 ARR 的独角兽，Slack 成立 5 年估值近 200 亿美元。Slack 的增长里程碑如下。

❑ 2014 年上市仅仅 8 个月就成为独角兽公司（ARR 突破 10 亿美元）。
❑ 每天增加一个 100 万美元的新合同。
❑ 77% 的世界 100 强企业使用 Slack 的产品。
❑ 有超过 800 万的日活跃用户。
❑ 2019 年估值 195 亿美元。
❑ 2020 年被 Salesforce 以 277 亿美元收购。

2.1.3 PLG 与 SLG 的对比

现在大部分国内 SaaS 企业采用的是销售驱动增长（Sales-Lead

Growth，SLG）模式。通常要组建颇具规模的销售团队，通过线下与客户进行沟通并演示，与不同决策者进行价值传递，最终完成采购。表 2-3 是 SLG 与 PLG 的对比。

表 2-3 SLG 与 PLG 的对比

SLG	对比内容	PLG
收费	上市价格	免费
复杂业务功能	功能	单一业务支持功能
是	是否进入用户核心业务	否
必备，随着业务而增加人数	销售团队	没有
分别设置功能团队	市场与产品	一体化的产品增长团队
2B	模式属性	2C2B
阶梯式抛物线	增长	J 形曲线
3~6 个月	结单周期	24 小时内
周期长，成本高	安装售后	0 时间，0 成本
高	获客成本	前期几乎为 0

PLG 模式突出的特点是市场营销费用相比传统销售模式大幅降低。图 2-3 是 2B 企业营销成本占收入的比例，Atlassian 是 PLG 模式的鼻祖企业，目前已经进入增长稳定期，从小型客户慢慢走向大型企业级客户，在品牌和营销上会有相应的投入。Atlassian 的营销成本仅占营收的 19%；大家熟悉的 SaaS 界万亿企业 Salesforce，营销成本占了营收的 49%；而 Box 这样的传统 2B 企业，每年营销费用占营收的 80%。这里就凸显了 PLG 模式的企业盈利能力具有绝对性的优势。

2.1.4 3F 确认原则

虽然 PLG 模式的增长曲线令人羡慕，但并不是所有的 SaaS 企业都能采用 PLG 模式，可以用 3F 确认原则来评估 SaaS 产品能否使用 PLG 模式实现增长，如图 2-4 所示。

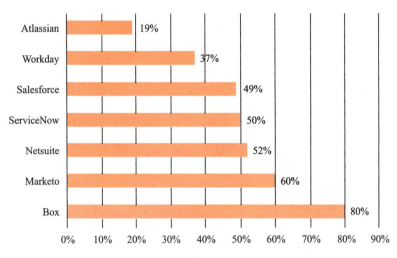

图 2-3　不同 2B 企业营销费用占营收的比例

图 2-4　3F 确认原则

1. 功能（Function）

首先这款 SaaS 产品必须具备完整的业务功能，能够解决客户的某一类问题。如果应用场景是多人交互的更好，因为产品本身具有裂变性。以会议工具为例，开会需要多人参与，一个人使用SaaS产品的同时会带领另外几个新客户即刻体验。协同办公工具、培训工具等与之相似。

我们要特别注意一点，PLG适合支持性的工具，比如会议、协同办公、培训等。如果该SaaS产品已经进入客户的核心业务流，那么决策链和决策周期一定短不了。

2. 高频（Frequency）

口碑传播的属性是快，只有经常使用的工具才具备这个前提。最好是每天都使用的工具。高频还有一个前提就是客户从听说到使用的周期必须很短，即1分钟到48小时。如果客户要通过很长的决策链，经过很长的决策周期才能采购，那么这样的产品不具备PLG的前提。

3. 免费（Free）

因为PLG需要客户体验0门槛，所以上市的产品必须是免费版。当然，后续待产品增长飞轮启动后，启动收费版本，就可以实现盈利了。

这3个原则可以用来自查SaaS产品是否符合PLG，是否能借用PLG实现快速进入市场。

2.2 PLG的"三好产品"标准

PLG的核心是好产品，那么什么样的产品是好产品呢？本节介绍PLG的"三好产品"标准。

2.2.1 好颜值

PLG的SaaS产品跟传统SaaS不一样，传统SaaS是2B模式，主流属于销售驱动增长（Sales-Lead Growth）。但是 PLG 是典型的 2C2B，也就是营 C 销 B，体验和使用的是个人（C），付费的是组织（B）。

PLG 的产品要符合大众消费者的基础需求，跟传统的企业产品相比，必须要好看有趣。简单来说，就是兼有好颜值和有趣的灵魂。

举个例子，图 2-5 是几个知名 PLG 模式的 SaaS 产品登录界面和营销内容，与传统 SaaS 产品的调性明显不同。

图 2-5　典型 PLG 产品的登录界面与营销内容

2.2.2　好用

PLG 要求 0 门槛使用，好用也包含 3 个重要的方面——免费、0 摩擦、即刻感知的价值。

1. 免费

免费比较容易理解，因为要 0 门槛使用，所以 SaaS 产品上市后，在获得巨量客户之前，都是免费的。我们一起看几款 PLG 产品的价格策略。图 2-6 是蓝湖的价格表，是 PLG 普遍的定价模式，为入门者提供免费版本，另外有不同的付费版本。

图 2-6 蓝湖的价格体系

2. 零摩擦

PLG 属性的产品，是在没有销售人员的情况下，0 营销预算让产品出圈，形成口碑的病毒式扩散，以获得巨量客户。那么产品需要客户体验全流程没有阻碍，尤其是在开始使用的阶段。很多产品不能形成口碑的第一道阻碍，就是客户打开不会用，一方面是产品打磨得还不够简单，另一方面是使用引导做得不好。

美国 Dropbox 的增长专家 Darius Contractor 提出了一个客户激活心理模型，如图 2-7 所示。

Dropbox 激活指数范围是从 0 到 100 分，一个客户带着 50 分的激情来到你的产品页面体验产品，他经历的每个细节会给他带来"激励"或者"阻碍"。他感受到激励时，激活指数就加分，相反他感受到阻碍时，激活指数就减分。如果在客户完成注册启动使用前，他的激活分数降到了 0，那么他会放弃使用这个新产品，这个客户的激活就失败了。

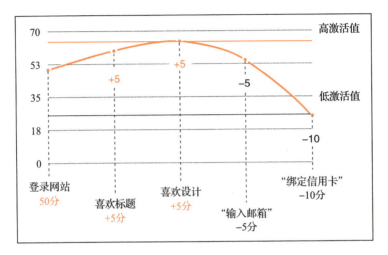

图 2-7　客户心理激活模型

举个例子，小美打算做一个调研，于是在网上搜索调研工具，因为带着任务，她登录了某调研云工具（典型的 SaaS 产品），目前她的激活指数是 50 分。第一眼她看到了一个很温馨的界面，相对平日工作中遇到的各种产品界面，这很与众不同，小美觉得很舒服。此时小美的激活指数上升了 5 分，变为 55 分。接着她看到一个标题浮出界面——调研让我们睿智！"的确，我需要调研，我很聪明。"小美自言自语，又一次感到有点开心，于是现在小美的激活指数又增加了 5 分，变为 60 分。接下来小美发现要注册才能使用，需要输入手机号，发送验证码到手机。小美输入手机号后转回到短信箱，并未看见验证码，小美有点不爽，摩擦产生，小美的激活指数减少 5 分，现在是 55 分。小美试了几次，终于收到验证码登录了进去，浪费的时间让小美有点不爽，激活指数又下降 5 分，现在是50分。

正在这时,小美的同事来找她,告诉她10分钟后临时开个很重要的会议,不能迟到。接着小美继续使用工具制作问卷,小美输完了5道题,打算保存,这时候突出跳出一个付费界面,小美有点不爽,此时激活指数又降低5分,变为45分。小美一看收费说明那么多条,顾不上看就迅速点击"×"关闭界面,结果因为连续点击,不小心把自己的问卷也关闭了!"天啊,还没保存!"小美这回不是不爽,而是有点愤怒,激活指数直接下降20分,现在是25分。就在这关键时刻,小美一看表还剩一分钟开会。"得了,"小美对自己说,"再不用这个工具了!"然后匆匆奔向会议室。

我管理产品团队超过15年,最近几年也在指导SaaS企业做产品,下面分享一下我的PLG激活-摩擦指数。

如图2-8所示,基线是0分,分值范围为-25~25。不爽与爽是5分档,喜欢与不喜欢是10分档,惊喜与恼火是20分档。

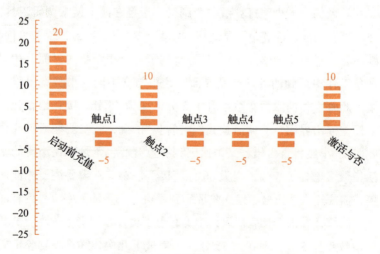

图2-8 PLG激活-摩擦指数

PLG 策略是 2B 行业里面典型的 2C2B，也就是营 C 销 B。营销（Marketing）的对象是个人（Customer），但是真正销售（Sales）的对象是企业（Business）。

B2B 行业和 B2C 行业最大的不同是，每个被营销的 C 是个体的同时也是企业里面的"职能个体"，PLG 产品的客户需求是个人需求与组织需求的叠加。

在接触一个新 SaaS 工具时，客户个体一定是带着工作目标的，他有一定的动机去接受适当的挑战。工作目的对客户的重要程度不同，客户会有一个初始的"启动前充值"，他拥有抵消摩擦消耗的初始基数。

在做产品时，我们要对客户做大量的访谈和调研，对客户与产品的接触点有明确的梳理，客户的满意度也分为三档，爽与不爽、高兴与不高兴、惊喜与恼火。按照不爽与爽是 5 分档，高兴与不高兴是 10 分档，惊喜与恼火是 20 分档进行分数累积，最后会有一个净值，用于判断激活与否。大于 0 就是可激活，小于 0 则是激活失败。

有个团队要做一款招聘方面的 SaaS 产品，理念很新颖。在设计产品自带增长的过程中，大家想通过让 HR 分享给同行的方式形成自然裂变，奖励是可以获得高品质候选人简历。他们发现，第一次让客户分享，客户是不爽的，-5 分，但是得到高品质简历后 +10 分。如果让其继续分享给其他 HR，那这次不是 -5，也不是 -10，而是直接恼火 -20 或者干脆放弃使用该产品。

很好地理解并使用激活－摩擦指数工具，能够在做产品的初期更高效地做出符合 PLG 的"三好产品"。

3. 即刻感知的价值

产品好不好，重要的一点是客户是否感知到了价值。价值就是客户通过该工具完成了他期待的工作闭环，看到了结果。结果必须明确，并且获得价值的过程要简单、明了。

（1）工作成果就是价值

比如，作为一个公司项目的负责人，你用飞书把相关同事拉入同一个"项目群"并启动项目。现在你缺一个重要数据，你在项目群里提醒了王同学，几分钟后你看到系统显示王同学已读了你的需求。10分钟后，你看到该任务后面有个完成标识，你的邮箱已经收到了来自王同学的一张完整的数据表。你坐在办公位上，立刻觉得太爽了，平时你得发邮件，还不知道王同学是否看到了邮件，更不知道王同学是否有空立即给你提供数据，你既焦虑又担心。

（2）把大价值切成小价值，尽快被感知

2B用户使用SaaS工具肯定是为了完成某项工作，比如，开会需要会议系统，但是不能将顺利开完会定义为产品的价值，因为会议系统从客户使用到感到顺利开完会的周期太长了，所以要把客户能体验到的终极价值拆解成阶段性的小价值，让客户尽早感受到。

以开会系统为例，如果你要开一个200人的在线会议，并且这是你第一次用某款会议SaaS工具，打开工具后，你看到一句引导"快速设置以下三步，3分钟后您就可以预演会议了"，是不是感觉非常明晰？当按照指引完成三步后，你体验到了模拟的会议预演，虽然会议还没正式召开，但是预演明显降低了你心理上对组织此次会议的担忧。你已经得到了部分的工作成果，也就感受到了SaaS工具的部分价值。

（3）在客户感知前传递价值

产品驱动增长，要求SaaS企业将产品做得更好，卓越的用户调研和客户成功是基本功。有的2B产品经理认为，2B工具本来就是反人性的，因为工作就是反人性的。暂且不讨论这句话对错与否，但PLG可是典型的2C2B，不但要符合人性，还要求产品团队是掌握客户行为和客户心理的高手。需要根据客户行为及客户心理，在客户自主感受到价值前就传递具体的产品价值。比如在客户第一次接触产品时，通过简单的一句话传递品牌价值。

飞书：先进团队　先用飞书

Slack：所有人一起更轻松地工作

蓝湖：团队高效在线协作　从此快人一步

Dropbox：使用 Dropbox Business，效率更高

在使用SaaS工具的流程及众多触点中，可以选择几个关键的节点，提前告诉对方这个阶段的价值，比如上一段举例的"三步设置进行会议预演"就是提前传递产品价值的方式。另外预演完成后，也可以将整个工具的价值前置告诉客户，在预演完成后跳出一段话："恭喜你，举办成功的会议已经实现一半了！"

2.2.3　增长好

PLG是产品驱动增长，需要在做产品的阶段就把增长机制设置在产品中。换句话说，PLG的SaaS产品是带增长基因的SaaS产品。

1. 增长飞轮

PLG的鼻祖Atlassian曾经总结他们成功的"增长飞轮"，引用Atlassian总裁Jay Simons的一句话："飞轮始于创造伟大的产品。"早在Atlassian创立初期，他们就讨论过如何构建一个非凡的产品。他们有意选择了"卓越"这个词，想打造一款人们不得不评论的产品。这将建立口耳相传，帮助Atlassian获得更多客户。增长飞轮始于一个伟大的产品，它为客户提供了有意义的价值，Atlassian尝试尽可能多地消除客户路径前的摩擦。

图 2-9 所示是 Atlassian 的增长飞轮。增长飞轮的逻辑是，打造一个优秀的产品，保持低价让更多的人使用，通过线上销售让所有人都能获得价值。线上价格透明，体验无障碍，更简单的使用方式意味着要打造更好的产品。于是形成盈利等式：高价值 = 好产品 × 低价格 × 自动化。Atlassian 的模式让它们节省下来更多的营销费用，这些节省下来的成本可以投入到产品的研发上，形成正向循环——好产品促使打造更好的产品。

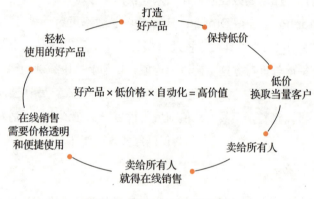

图 2-9 Atlassian 的增长飞轮

2. 产品自带增长的三层机制

PLG 产品自带营销能力，PLG 自带增长的三层机制如下。

第一层，产品的使用场景是多人的。大部分 PLG 产品都是基于团队的协作产品或者是涉及多人的会议、培训等 SaaS 工具，一个人使用工具的同时，会引入几位新客户使用，这种应用场景可让 PLG 产品的裂变自然发生。

第二层，产品本身打通流行社交软件，整合用户的人脉网。使用产品的同时就能邀请通讯录里的好友、同事、粉丝体验，直接发送产品试用版链接即可。

第三层,通过在客户使用产品的过程中设置激励机制,有目的地激励客户推荐新客户。双方都可以获得好处,比如享有部分升级功能的免费限时使用权,或者付费客户可减免部分订阅费用。

2.3 PLG 的执行地图

我绘制了一张 PLG 执行地图,如图 2-10 所示。当然,也鼓励大家创新,毕竟第一个 PLG 传奇企业当时并没有任何成功地图。不过,我们先僵化、再优化,先掌握当下最佳 PLG 战略执行方法,提高团队能力与认知的基线。

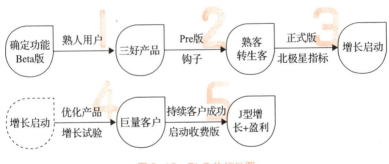

图 2-10 PLG 执行地图

PLG 执行地图有 5 个关键步骤,实现从产品理念到 J 形增长和盈利。首先从客户端发现痛点,基于最小功能实现原则设计 Beta 版本的 SaaS 产品,通过熟人客户反复试用、访谈、调研,做出符合 PLG 的三好产品。然后发布 Pre 版本,让被邀请的粉丝客户体验产品,这个阶段要找到产品出圈的钩子,也就是能一秒钟抓住别人好奇心的广告语。当 Pre 版实现从熟客转向生客后,产品就具备了产品驱动增长的基础能力,接下来正式版就可以启动了。当找到增长的北极星指标后，增长将正式进入全速期，接下来就是开展增长试验和产品优化迭代，产品的口碑力量爆发会带来巨量用户。在这个过程中，要左手增长、右手客户成功，随之推出付费版本，引导客户付费，最终实现 J 形增长和企业盈利。

接下来，我们分解这 5 个步骤，进一步了解每个步骤的关键要素。

1. 与熟人客户共创极致 Beta 版

PLG 源于好产品，第一步就是打造好产品。我们看到大部分 PLG 成功 SaaS 创始人本身就是"用户"，他们深知客户使用场景的痛点，可以清晰地定义产品的核心功能和价值。

通常，新产品的种子客户都是熟人。要跟熟人一起打造极致的 Beta 版本。这个阶段，是把做产品的想法落实到真实的功能上面，并且通过熟人客户验证产品体验。因为是熟人，所以沟通效率比较高，双方一起进行产品共创，同时也培养了第一批忠实粉丝。跟熟人一起"共创循环"，包括定义产品功能、做出产品、试用、观察客户行为、调研客户感受、再优化、迭代产品，启动新一轮的"共创循环"。

2. 发布 Pre 版本，寻找钩子

当 Beta 版完成后，接下来要上线 Pre 版。Pre 版要定向邀约陌生客户，只有受到邀约的陌生客户才有权限体验。这个阶段要验证两件事：第一，新产品能否自主实现从熟客转向陌生客户；第二，能否找到吸引陌生客户的钩子。

因为 Beta 版是跟熟客共创的，所以会有很多"盲区"需要在本阶段挖掘。原因很简单，因为太熟悉了，我们就会误以为很多操作都是理所当然的，但是这些可能是陌生用户激活的障碍点。这个

阶段就是把这些障碍都清除掉。

Pre 这个名字来自 Slack，当时它们觉得 Beta 版会让陌生客户觉得这个产品还不是成品，于是换了一个词，Pre 版，反而让客户觉得有"优先特权"，同时还能默认这个产品需要自己反馈不足之处，帮助其更完善。我很认可 Pre 这个叫法，这符合用户心理学，可见 PLG 产品的很多细节都凸显了 PLG 的特点。

这个阶段要找到一个钩子，也就是让产品出圈的"噱头"。读者还记得 Salesforce 当年是怎么出圈的吗？虽然 Salesforce 是 SLG 模式，但是出圈也是"噱头"很足，直接喊出了口号"No Software"，一家几十人的小公司叫板所有软件巨头，就这样出圈了。

3. 确定北极星指标，上市正式版

北极星指标就像夜空中的北极星一样，指引着企业朝着唯一的方向前进。北极星指标跟企业长期价值一致，要能实现客户价值。

举个例子，Facebook 和 MySpace 是竞争对手，MySpace 的北极星指标是总注册用户数，Facebook 的北极星指标是月活跃用户数。因为社交软件的价值在于客户通过平台进行日常社交，所以北极星指标"月活跃用户数"要比"总注册用户数"更能体现产品的价值。Zoom 和腾讯会议的北极星指标就是每周会议数量，飞书和 Slack 的北极星指标就是项目组数量和发送消息总数。

如何找到北极星指标？我和很多成功的企业创始人和产品经理聊过这个问题，大家的答案都很一致——需要多次尝试和验证。我画了一张流程图，希望能帮助读者尽早找到北极星指标，如图 2-11 所示。

4. 增长实验优化产品，获得免费巨量客户

这个阶段就要组建增长团队，启动增长实验，一步步优化产

品,实现口碑效应。

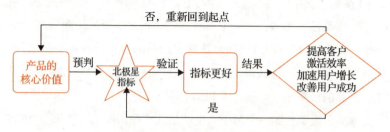

图 2-11 寻找北极星指标流程图

谈到增长,不得不介绍一下海盗指标,这是 2C 市场常用的增长指标,绝大多数做 App 的企业都在采纳海盗指标。图 2-12 是 2C 行业的海盗指标。漏斗分为获取用户、用户激活、提高留存、增加营收 4 个阶段,进而形成口碑效应,实现病毒式增长。

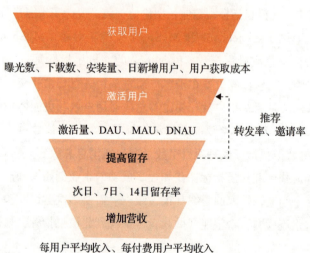

图 2-12 2C 行业海盗模型

2B 行业的 SaaS 销售流程一般也遵循销售漏斗的思维,只是

2B 领域采购流程和决策流程相对复杂。结合 2B 的特性，我梳理了 2B PLG 的增长漏斗，如图 2-13 所示，供大家参考。

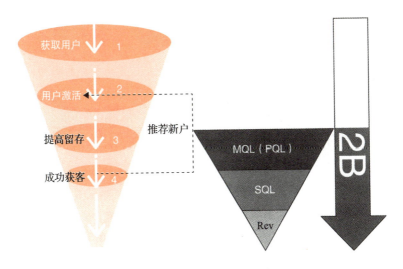

图 2-13　2B PLG 增长漏斗

2B PLG 增长漏斗由 2 个漏斗叠加而成，左边的漏斗是偏 2C 打法，右边的漏斗则是偏 2B 的打法，左边是免费客户漏斗，右边是付费客户漏斗。

这里的 MQL 与我们平时定义的 MQL 不一样，也可以称作产品合格线索。企业的个人账户数量累计达到一定程度，可以认为能发展成为企业客户的时候，可以安排销售（SDR⊖、电话销售、大客户销售）进行沟通。

举个例子，如果某企业已经有 200 位员工在使用免费版本的 SaaS 产品，而收费版本 ARR 是 500 元 / 账户，那么这个企业就是

⊖　SDR（Sales Development Representative，销售开发代表）。

ARR 为 10 万元的企业客户。一般 10 万元级别还是需要线下沟通的，然后一步步推进到签约环节，转化成营收。

5. 持续客户成功，启动收费实现商业化

PLG 的商业化收费模式虽然已经有了一些成功的验证，但是同样还面临很多挑战。最突出的两个挑战是，免费客户升级为付费客户的转化率低，付费客户的持续增长天花板很难打破。

（1）个人免费客户升级为付费客户

关于付费客户转化率低的问题，我们要回到增长飞轮做反思。PLG 的本质是好的产品带来更多的客户，更低的获客成本让企业有更多预算，继续做更好的产品。如果能够不断满足客户的需求，迭代更好的功能，那么就可以以更高的价值去收费。

之所以从免费向收费转换难，大多数情况是因为付费版相对于免费版没有足够强的额外价值。最好在一开始推出免费版的时候，一方面设计好收费版与免费版的价值差异，另一方面就是挑战自己，为客户提供值得付出更高价钱的新功能和价值。

（2）企业付费的"组织价值"

从个人使用到组织付费的过程，需要强调"组织价值"。个人用户从免费客户升级为付费客户相对容易，要一个企业成为付费客户，就必须让企业看到产品对其组织的价值。一个比较好的价值显化方式是效率数字化、价值货币化。

效率数字化，价值货币化，就是把给企业客户带来的价值转换成具体的数字或者货币，比如使用前后效率具体提升了多少个百分点，为企业节省的预算是多少。

如果一个企业有 200 个员工在使用免费版 SaaS 产品，那么这个企业的个人用户量足够大，是可以转成企业客户的，如果 200 人

都从免费版本升级到付费版本，带给企业的价值不能等企业老板自己算，而是SaaS企业提供给对方可衡量的价值，包括在效率、竞争力方面有哪些实质性的提高。

某200人的团队，一个月的人员成本是400万~600万元（企业人力成本是薪资的1.6倍），使用某办公协同工具，人效提高5%，那就是一个月20万元，一年240万元，相比10万元的订阅费用，那是相当值得的。当然，价值要科学验证，可以通过前后对比等多种方法统计，不可以夸大。

（3）PLG的销售流程比SLG简单

传统MQL到Rev阶段最重要的是解决信任问题、适用性、竞争优势，PLG是企业内大部分客户都已经使用并喜欢免费版本，不存在信任、适用性的问题。让企业付费，只要沟通清楚对企业的价值，然后就可以推进销售流程进入下一个阶段。

2.4 本土案例

在写作本书期间，《SaaS创业路线图》一书的作者吴昊老师和我分享了小鹅通的故事，促成了我与小鹅通COO樊晓星女士的深度访谈。小鹅通是中国本土SaaS赛道典型的PLG企业，是一家以客户为中心打磨极致产品的公司。

结合本章的内容，我从三方面解释为何小鹅通是纯粹的PLG企业。一个SaaS企业是不是PLG企业，看3方面：资源分配、战略目标、增长动因。

（1）资源分配

小鹅通作为一家技术服务商，一半以上人力都配备在不断满足客户需求、迭代产品的产研侧，其次是服务侧。在产研团队方面，小鹅通从企业私域运营的具体场景出发，从客户视角进行团队的分工与搭建；在服务团队方面，除了一对一服务管家，小鹅通还配备了为客户提供运营支持的服务人员。

（2）战略目标

小鹅通的首要目标也是客户增长，靠客户对产品满意实现增长，依靠好口碑，客户满意自然就有了新获客。从营销策略来看，小鹅通也是产品拉动增长，相比通过人力传播，小鹅通更愿意通过打造被客户需要的产品，让产品实现自传播。

（3）增长动因

从营收来讲，小鹅通有免费试用，也有4800~19 999元/年的年度订阅收费阶梯。除了订阅收费，和其他竞品相比，小鹅通不收流量费，不抽成客户收入。小鹅通的底层逻辑是，流量是客户用内容带来的，流量是客户的，客户才是小鹅通的。增长的动因本质上是纯粹的以客户为中心。小鹅通对于自己和客户之间的关系，不得不说想得很透彻！

PLG的核心是打造三好产品，可是怎样才能做出三好产品呢？PLG要以客户为中心，可是客户千千万，客户的需求千差万别，哪些需求应该立刻实现以保证PLG成功呢？此外，对于PLG的持续的客户成功，具体应该怎么做？

针对以上问题，我们一起来看看小鹅通是怎么做的。即便小鹅通的创始人鲍春健具备很强的产品能力，实现PLG对小鹅通来讲，也不是一件容易的事。

1. 小鹅通做产品的方法论

小鹅通做产品的方法论是了解客户的需求，通过一对一管家让客户得到24×7的专属服务并反馈需求，通过直播节目让领导团队直接倾听客户需求，搭建小鹅社区与客户共创产品。

2. 与客户共创产品，识别关键需求

小鹅通创始人兼 CEO 鲍春健分享，当小鹅通与客户共创产品的时候，遇到了一个很大的难题——客户的需求太多了，而且每个客户的需求都不一样。这也是很多 B2B SaaS 企业遇到的问题。于是小鹅通做了一个小鹅社区，把客户的需求分解为功能点，告诉社区的客户，如果觉得这个功能对你也有帮助，或者觉得重要，就可以投票，票数高的功能点小鹅通优先解决。这样客户的参与感就有了。很多时候客户的参与感不一定只有满足他的原始需求才能实现，可以换一种方式让他轻量级地参与，让他看到更多成果和价值。

3. 全员都到一线倾听客户需求

2021 年，小鹅通做了 75 场直播，27 场全国行活动，每场活动都带各岗位的员工到现场倾听客户需求。

如今，小鹅通创始人鲍春健的第一档直播节目《来给老鲍提需求》已经运营一年有余，客户在这里可以直抒胸臆，向小鹅通喊话、吐槽、提需求，让小鹅通始终贴近市场、不偏航。早在创业伊始，鲍春健就经常一家一家主动拜访客户。现在客户多了，实地走访不太现实，线上直播则弥补了这一遗憾。

小鹅通联合创始人兼 COO 樊晓星介绍：2021 年，小鹅通建了超过 4 万个管家群，客户在小鹅通上打造了 310 万场直播，新增用户数 3.6 亿，每日人均学习时长 35 分钟。

1. 一对一管家，一位客户被十几位小鹅通人员服务

小鹅通不仅提供知识服务工具，还提供覆盖客户全生命周期的专属管家服务，即为每一位客户配备专属管家群，提供跟进陪伴式服务，覆盖客户生命全周期。

伴随企业客户从新手上路到店铺搭建、运营初期、运营进阶，最后到业务增长，在每个成长阶段均提供管家服务，共创有针对性的解决方案，全时段参与，全流程赋能，全方位保证客户使用体验。

以客户交付阶段为例，小鹅通打造了高效能的交付团队，赋能客户。交付人员会根据客户业务场景，参考小鹅通成功商家经验，结合客户实际情况及具体要求，设计解决方案，助力客户快速上手，帮助客户在第一时间走上经营正轨。

此外，还有客户成功服务组帮助客户解决进阶过程中遇到的问题，本地服务团队上门提供服务，专业技术人员入群服务，小鹅通运营学堂提供专业指导，以及直播分享、线下活动交流、提供满意度系统等，真正全方位、全流程、精细化服务客户。

2. 开发工具提高客户服务水平

对于超过 4 万个管家群的组织化架构和角色的管理，包括在运营过程中的全流程管理，确实是一个非常复杂的问题。例如，怎么向客户分享小鹅通的最新情况和功能，怎么管理运营人员，怎么在整条链路上监管服务的效率，这些都需要考虑。

为了实现更高效的群管理，小鹅通开始开发企微助手。通过企微助手拉群，在企微助手上可以看到企业的层级组织。

通过企微助手，小鹅通完成了对员工与客户的双向管理。企微助手会自动为客户打上标签并分类，快速获取客户画像，并分配对应员工。员工与客户的所有沟通信息可进行会话存档，让沟通过程更透明。通过企微助手可以设置个性化群欢迎语、群发内容和营销活动，将品牌信息传递给客户。即使员工离职也不会影响客户的体验，企微助手可以将该客户资源转移给其他员工，保留过去所有的服务记录，保障了对客户服务的连续性。

实际上，小鹅通的一些自用工具，也逐步提供给客户使用，企微助手就已经完成商业化，出发点是客户本身也有类似的需求。

为了活动或者直播有更多的转发量，让更多人能看到，小鹅通在企微助手里做了一个全员任务功能。

每次有直播，企微助手就会给所有员工发布任务，大家在里面下载带有自己专属二维码的宣传海报，并分享到朋友圈里。只要有人通过这名员工海报上的二维码进入直播间，这名员工就能得到积分。小鹅通还做了冲榜奖励，奖品是各种可爱的小鹅通周边，激励全员参与海报转发。

截至 2021 年 12 月 26 日，小鹅通第四季度冲榜排名第一的同事已经邀约了将近 1000 人来看直播。越来越多的客户开始使用企微助手，并获得了较好的传播效果。

3. 让客户帮助客户成功

为了帮助客户提升运营水平，2021 年小鹅通又开通了两档直播节目——《老鲍对话标杆客户》以及《和客户运营》。前者通过邀请标杆客户现身说法，分享方法论，帮助更多客户提升运营水平；后者由小鹅通运营人员来拆解成功运营案例，以此帮助更多客户解决运营难题，助力客户打造自己的私域力量。

2.5 本章小结

PLG 模式确实很有吸引力，在中国本土市场也是真实存在的机会。越是这个时刻，越需要理性地看待 PLG。

中国目前有 6000 多家 SaaS 企业，只要是产品已经进入客户核心业务流的，就不可能使用 PLG 模式，因为对客户影响大，采购流程和决策周期一定需要线下反复沟通交流。

那些辅助性质的 SaaS 产品，支持自下而上采购的，才有 PLG 的前提。从目前的中国市场来看，目标客户是 150 人以下的中小型公司，员工觉得好用的工具，老板会很快决策采购。

按照 PLG 执行地图去严谨、专业地验证，验证成功的才是符合 PLG 模式的 SaaS。我们必须看到本质，再争取增长，增长模式与业务底层逻辑匹配是前提。

|第 3 章|

增长动因：业务驱动增长

谈到"业务"一词，有的企业会从技术架构层面谈自己做什么业务，比如 SaaS、PaaS、IaaS；有的企业会从产品功能层面去谈自己做什么业务，比如营销 SaaS、直播 SaaS、CRM SaaS、客服 SaaS；通用型产品则从差异化的角度来谈自己做什么业务，比如财税一体化解决方案、人事一体化解决方案等。在 SaaS 发展的 20 年中，本土也产生了平台型的业务，如阿里延续了互联网思维，从钉钉切入 2B 市场成为流量平台，联合独立软件供应商打造企业服务生态；企业微信逐步成为基于 IaaS 的流量平台。

不同的 SaaS 从业者对业务有不同的理解。本章的重点不在于厘清所有的业务模式，而是探讨几种在中国市场验证成功的 SaaS 业务模式，包括 T 型业务模式、垂直产业生态业务模式、SaaS 三级火箭业务模式。本章通过翔实的案例介绍这些业务的增长成果和认知沉淀，希望能带给读者启发和参考。

3.1 酷绚科技的 T 型业务模式

虽然一些公司提供了通用型 SaaS 产品，但是不同行业客户的使用场景差异化明显，企业必须经历 PMF（Product Market Fit，产品市场适配）的过程才能实现规模化增长。本土头部 SaaS 企业经过验证，逐步发展出 T 型业务模式，专注 3～5 个细分行业做垂直深耕，如 HR 赛道的 Moka、直播赛道的微吼、客服赛道的智齿、CRM 赛道的红圈营销、企业培训赛道的酷绚科技等。

T 型业务模式如图 3-1 所示。SaaS 企业虽然服务多个行业的客户，但是应集中 3～5 个垂直行业做深耕，根据垂直行业特有的应用场景输出对应的解决方案和业务方法论，在市场上与竞品形成差异，更精准地满足细分客户的业务需求，甚至 SaaS 企业的客户成功部门也应根据垂直行业客户的需求制定不同的服务标准和流程，最终形成垂直行业专属的解决方案、营销方法论和服务体系。

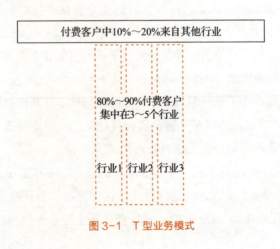

图 3-1 T 型业务模式

在T型业务模式的SaaS企业中，目标垂直行业的营收占企业年度总营收的80%~90%，所以目标垂直行业被称为该SaaS企业的利基市场。利基市场相对其他细分市场，客户付费意愿高、平均客单价高、获客平均成本低，也被称为SaaS企业的甜点市场。SaaS企业根据利基市场的客户需求，形成产品和解决方案的差异化，最终形成客户成功的认知与资源积累，构建SaaS企业的护城河。聚焦利基市场，SaaS企业实现规模化增长的同时也获得了独特的竞争力。

3.1.1 背景和增长成果

成立于2017年1月的酷绚科技（原称酷学院），以企业智能学习平台为切入点，陆续构建了企业培训数字化管理平台和数字化人才发展平台，致力于帮助企业提升人效，实现高效创收。根据官方提供的信息，酷绚科技已连续4年保持200%以上的增速，累计服务国内外10万家企业和2000万名用户，其中上市企业超过100家。

酷绚科技采用的是典型的T型业务模式，聚焦于3个利基市场：互联网行业、零售行业、制造业。

1. 来自惠普的培训行业老人

酷绚科技的创始人华俊武曾在惠普公司的惠普大学做培训，以线下培训和PC端培训为主，在培训领域积累了丰富的经验。

2017年是知识付费元年，最大的变化就是人们开始通过手机看视频的方式来学习。中国市场的PC端有2~3亿台，手机端是10亿台，两个量级完全不一样。2017年底，华俊武创立酷绚科技，专注移动端的2B企业培训。

2. 酷绚科技的增长成果

酷绚科技成立4年，连续保持200%以上的增速，2021年营收突破亿元。中国SaaS行业发展近20年，年营收过亿元的企业不超过百家，无论从发展速度还是取得的成绩看，酷绚科技都可以说是SaaS企业中的佼佼者。2018年，酷绚科技成立第一年就实现了收支平衡，此后启动第一轮融资。2021年酷绚科技完成数亿元人民币的B轮融资。

再来看几个核心指标，酷绚科技的净续费率超过100%，净推荐值为9.2，这两个指标在本土SaaS企业中也是屈指可数的。

3.1.2 酷绚科技增长的两个阶段

据酷绚科技创始人华俊武介绍，酷绚科技的规模化增长经历了两个阶段：第一个阶段是从0到1，衡量指标就是月度平均营收突破100万元；第二个阶段是从1到10，衡量指标是月度平均营收突破1000万元。

1. 如何实现从0到1

酷绚科技规模化增长的第一个阶段有一个标志性事件——跟钉钉合作，将产品上架到钉钉平台，通过钉钉获客。华俊武认为到目前为止，跟钉钉合作是非常明智的决策。创业初期，因为创始团队有惠普的背景，所以很容易就遵循惠普的销售逻辑，招一帮销售去覆盖客户，集中拿下一些头部客户。那时创始团队觉得大客定制业务模式不是特别理想，他们希望找到一个流量池。随后他们主动跟钉钉合作，做了一款产品并在钉钉上架。钉钉确实是流量池，每天能给酷绚科技带来约50个开通试用的企业客户，这50个客户是高质量的MQL，并且酷绚科技获得这些MQL的成本为0。

通过内容营销等营销方式获得一个 MQL，往往需要几百元到几千元的成本。跟钉钉的合作保证了初期酷绚科技 0 成本持续获客，几个月后酷绚科技就实现了月度平均营收突破百万元，并且维持稳定的快速增长。

有了稳定的获客能力，酷绚科技就可以专注于与客户共创产品。华俊武总结："第一个阶段的重点是实现稳定获客，如果企业有持续规模化获客的能力，就解决了第一个阶段增长的基础问题。"

2. 如何实现从 1 到 10 的规模增长

酷绚科技实现月度营收突破百万元的目标后，继续增长到月度营收 200 万元的时候，遇到了瓶颈。这时酷绚科技决定建立销售体系。酷绚科技的主要客户是员工规模为 100～300 人的小型企业，虽然数量多，但是对营收贡献有限。于是酷绚科技开始关注中型企业客户，即 500 人以上规模的中型企业，这就需要建立线下销售团队和区域销售团队。

第二个阶段的增长战略是建立销售团队，覆盖中型目标企业客户。酷绚科技用半年时间搭建了一个 30～40 人的线下销售团队，用了一年的时间，发展为 100 人左右的销售团队，覆盖 10 个主要城市。有了线下销售团队，就可以覆盖非常多的细分行业的腰部客户。随着快速覆盖腰部客户，酷绚科技实现了第二个阶段的规模化增长。

3.1.3 被钉钉赋能

很多 SaaS 企业反映产品上架钉钉后没有什么效果。这和 App 上架应用商店一样，没有好的运营和产品，当然很难火。酷绚科技产品早期上架钉钉被认为是战略性的正确决策。下面介绍酷绚科技是如何实现每天从钉钉 0 成本获得 50 个左右的 MQL，以及月度营收破百万元且持续增长的。

1. 初创公司，与钉钉高度融合

据华俊武介绍，之所以酷绚科技能被钉钉赋能，核心原因是酷绚科技的发展阶段和钉钉的赋能相匹配。钉钉每月为酷绚科技带来100万元的营收，虽然对于年度营收上亿元的竞品而言，100万元只是竞品月度营收1000万元的1/10，钉钉赋能的效果确实不明显，但是对于初创公司而言，每个月100万元的营收就是很好的起点。

由于钉钉业务属于PLG模式，因此钉钉对合作企业的产品要求比较高，营销模式也要匹配。比如一家销售驱动型的企业，已经形成用PPT给客户讲解方案的销售模式，就跟钉钉不匹配，很难实现融合。酷绚科技那时只有30多名员工，可以完全按照钉钉的PLG模式打造产品，按照钉钉的销售模式卖产品。潜在企业客户在钉钉系统里面可以非常方便地开通酷绚科技的服务，免费试用30天，这期间酷绚科技进行电销，然后通过钉钉的组织框架为付费客户快速交付培训产品。酷绚科技实现了0成本获客，交付成本也是极低的。

企业培训赛道里较早成立的企业早已有成熟的销售体系和固有的获客方式，销售流程和交付周期平均为几个月。相比之下，酷绚科技的客户本身就使用钉钉的系统进行组织管理，酷绚科技的获客、销售、交付实施全流程都在钉钉上执行，被钉钉赋能大幅降低了酷绚科技的运营成本，提高了增长效率，实现了创业公司的最佳规模化增长。

把钉钉用户的心智研究清楚，并且基于钉钉用户的心智来设计产品的应用体验和转化路径，这是酷绚科技实现规模化增长非常关键的一步。

2. 深度运营，全力以赴

随着酷绚科技的发展，团队逐渐扩充到100人，这个阶段酷绚科技的所有员工都专注于钉钉的深度运营，大家的目标非常明确，并且全力以赴。

产品上架钉钉后必须要深度运营，需要了解钉钉的架构、运营规则、获益规则。比如，钉钉的一些活动策略是什么，相应的展示位置哪个更好，钉钉的运营资源是什么样的。酷绚科技跟这些资源做深度耦合和关联，组织联合运营活动。达到这样的深度运营后，效果自然很不一样，最终被钉钉赋能，实现创业公司的高速增长，也切实获得流量红利。

3. 与钉钉的销售网络融合

钉钉不只是一个线上流量平台，也是一个销售网络。钉钉在全国有几百家服务商、几十个市级运营公司、两百多个城市经理，还有成熟的 KA（Key Account，大客户）体系。酷绚科技与钉钉的业务团队联动起来，实现立体化运营。从产品运营、产品融合到运营融合，再到营销体系的融合，酷绚科技都做得非常深入。最后酷绚科技成为钉钉生态中运营得最专业也最具体系化的 ISV（Independent Software Vendor，独立软件供应商），自然能取得好的增长结果。

3.1.4 跟客户共创产品

钉钉的理念是以客户为中心，在钉钉生态里做到头部的 ISV 一定是在做产品方面超越竞品的公司。酷绚科技通过跟客户共创产品，实现了差异化竞争，并且通过 PMF 找到了 3 个利基市场，迎来规模化增长的同时也构建了自己的护城河。

1. 跟客户共创前有一套清晰的产品规划

酷绚科技在跟客户共创产品之前有一套清晰的产品规划，需要进一步通过客户调研形成具体产品原型。调研一般有两种情况，一种是自己什么都不懂，通过调研了解信息；另一种是已经有明确的假设，需要通过调研加以验证。华俊武认为跟客户共创就是验证产品规划的过程。

2. 1000 个共创客户

酷绚科技做客户共创是跟钉钉学习的，钉钉要求上架钉钉的产品，必须具备 1000 个共创客户。有 1000 个客户正在使用酷绚科技的产品，这是一条硬性要求。酷绚科技为了满足钉钉对活跃度等指标的要求大力拓展客户，这个过程对于初创期的酷绚科技来说十分艰难。

那时，酷绚科技有一个团队专门去做客户共创这件事情，专门去找共创客户，跟客户签共创合同，同客户一起设计目标，与客户一起共创。虽然酷绚科技早期也是被迫的，但后来整个团队都非常认可这样的方式。

酷绚科技跟细分行业中具有代表性的客户共创产品，认真把一个场景打磨到极致，再把这个场景推荐给同细分行业的其他客户，并让客户体会到酷绚科技推荐的业务方法和工具是与他们业务最匹配的，也是最先进、最有效的。在这个过程中，酷绚科技不只是做产品，更是把某个细分行业的先进业务方法论固化成产品，赋能同行业其他用户。

酷绚科技做产品的核心理念是，跟客户共创产品的同时，提炼背后的先进业务方法论，并将先进方法论固化在产品中，赋能给更多的同类客户。不得不说，本土市场中有能力提炼细分行业先进业务方法论并固化在产品中的 SaaS 企业少之又少。在我深度访谈过的 SaaS 企业创始人中，华俊武是创业认知水平极高的 CEO 之一。

3. 不得不跟客户共创

酷绚科技面临的最大的挑战是产品研发人员相关经验不足，比如做企业培训，并不是每位酷学院的产品经理都有管理一个大型培训团队的经历，角色感不足，很难要求每个产品经理都站在客户的角度全面深入地理解客户的业务。如果不和客户共创，做出来的产品很可能只是基于自己的想象。

这也是中国部分 SaaS 企业遇到的难题，完全模仿国外成功 SaaS 产品的模式，在本土市场仍然不可行。SaaS 企业必须清楚，客户使用工具的目的是配合业务发展，而业务发展有不同阶段，企业数字化发展也有不同的阶段，对应的业务方法论是不同的。工具必须跟业务方法论匹配。国内大部分企业的管理发展阶段不同于国外企业，中国企业需要的是能解决当下业务问题的产品。

4. 找到利基市场

酷绚科技认识到产品跟客户群体匹配存在非常大的差异。在跟客户共创产品方面，酷绚科技又上升到了一个新高度，SaaS 企业做 2B 产品就要解决产品与市场匹配的问题，随后酷绚科技基于 PMF 体系分析转化率最高的客户群和单价贡献率高的客户群。

酷绚科技重点研究转化率最高的行业、转化率最高的城市、转化率最高的客户画像跟客户特征。确定这些信息后，酷绚科技有针对性地加强产品的竞争优势，以获取在细分领域的最大市场份额。

华俊武心里很明白酷绚科技的核心市场在哪儿，核心竞争力是什么，应该把握住什么样的客户，应该勇敢婉拒什么样的客户。所谓跟客户共创，准确地说是 PMF 的过程，是产品与市场双向匹配的过程，是 SaaS 企业必须做并且必须做好的事情。

3.1.5 深耕 3 个行业

通用型 SaaS 产品经过 PMF 一定会走向 T 型发展，如果没有走向 T 型发展，要么是 PMF 没有做到，要么是产品的不同细分客户的场景差异化程度低，也就是不同细分客户应用场景基本一致，这种情况是极少的。

酷绚科技的 3 个重点利基市场是互联网行业、零售行业、制造业。这是经历 PMF 过程后，酷绚科技摸索出来的重点利基市场，是产品和客户需求匹配且转化率最好的 3 个细分市场。

钉钉的平台有几亿企业客户，企业微信平台有近 5 亿企业客户。初期酷绚科技通过钉钉积累了大量的中小客户，随后建立销售团队，获得 500～3000 人的腰部客户，在这个过程中完成产品市场适配，并找到了利基市场。酷绚科技逐渐获得了一些大型企业客户，如百丽、联合利华、Zara、联通、首都机场等。

随着服务越来越多的大型企业，酷绚科技开始从 SaaS 走向 PaaS，目前在逐步构建 PaaS 的进程中。根据其他企业的经验，构建 PaaS 大致要花 2～3 年的时间，投入近 2 亿元人民币。SaaS 是工具，PaaS 是平台，IaaS 是基础设施。用乐高积木打个比方，你有一套老虎的乐高，可以拼出一个老虎，这是 SaaS；如果你有一箱标准的动物乐高和一个工作台，就能拼出各种各样的动物，这就是 PaaS；如果你有一个乐高空间，里面有设计和生产乐高的设备，还有其他人分享的各种各样的乐高组件，那么除了可以拼出各种动物,还可以做金属的乐高飞机、发出声音的乐高城堡,总之只有想不到,没有做不到,这就是 IaaS。当然建造 IaaS 的成本相当高,尤其要看边界定义,边界越大、越复杂,建造成本越高。

SaaS 企业该何时建造 PaaS ? 当 SaaS 企业服务的客户从中小客户渗透到大型客户,从标准产品走向定制产品时,为了大幅降低产品的研发和交付成本,就要启动 PaaS 化。

3.1.6　3 个核心能力

酷绚科技之所以能成为培训头部企业,归因于华俊武总结的 3 个核心能力——打好阵地战、做好差异化、让客户看到交付成果。

1. 打好阵地战

酷绚科技先进入钉钉这个流量平台,投入全部资源,成为钉钉企业培训赛道的第一。然后稳扎稳打入驻飞书、企业微信,每一场阵地战都要成功并且取得绝对的胜利。

针对竞品,酷绚科技不可避免地要打规模战,根据酷绚科技的发展情况制定阵地战的策略,在目标市场先打好阵地战,成为目标市场的第一,先覆盖一个市场,再启动下一个。

2. 做好差异化

任何时候都要做好差异化,对于酷绚科技来讲,最大的差异体现在产品上。轻快好用,易上手,是目前酷绚科技与竞品的最大差异。

酷绚科技当前的产品理念是"萃学练考用",覆盖知识培训、应用直到绩效结果。酷绚科技的系统跟客户的人力资源系统打通,可以追踪员工的学习效果与业绩。这是酷绚科技跟客户共创产品的结果,真正站在客户的角度定义产品,同时形成跟其他竞品不同的竞争力，构建自己的护城河。

3. 让客户看到交付成果

在这一点上，酷绚科技可以说重新定义了"交付"，不再是传统的实施、培训、交付。酷绚科技更关注客户能否在短期看到效果。

举个例子，酷绚科技的产品和钉钉人力资源系统打通。客户使用酷绚科技的工具进行内部销售培训，酷绚科技的培训交付考核指标不是"培训结束"，而是这个销售人员的成长速度，如销售人员能否在短时间出单，短期内能否规模化出单。因为酷绚科技的客户同时使用钉钉提供的人力资源系统，所以酷绚科技可以追踪到销售人员的绩效。

酷绚科技在企业培训行业里首先提出了"业培一体"的理念，市场反响和客户反馈非常好。如果一家培训企业真正为客户的培训结果负责，增长一定差不了。

华俊武还分享了酷绚科技在零售市场的一个故事。

酷绚科技做了一个连锁行业门店运营标准化落地系统。连锁店的核心工作就是两件事，店铺形象标准化和人员能力标准化。这两件事做好之后，就可以帮助连锁店提升整店转化率。酷绚科技提供的培训就是解决连锁店人员能力标准化的问题。

后来学院又做了一个关键任务系统，核心功能是进行门店自检、门店巡检、门店陈列管理和门店工单管理，系统打通之后，先培训员工，再让员工通过关键任务系统去执行，通过检查系统评测工单，反馈推进下一个阶段的培训学习，实现一个连锁店人员能力提升和整店业务水平提升的标准流程闭环。

客户员工能力和业务水平的提升，才是酷绚科技交付给客户的成果。

3.1.7 未来成功

快速成长为培训行业的头部企业之一，是酷绚科技过去4年交出的答卷。展望未来，关于如何获得持续的成功，酷绚科技有自己的经营哲学。华俊武也分享了3个他的认知，酷绚科技在未来要做好专注、组织力和人才、以客户为中心的体系建设。

1. 专注

SaaS企业从0到1相对容易，从1到10却比较难，主要原因是专注度不足，什么都想做，又都做得不够深入，很容易迷失方向。从1到10需要突破难点，酷绚科技也经历了类似的挑战。中国市场机会非常多，虽然竞争激励，但是每个细分市场的容量都不小，深度做好一个细分市场，给创业公司带来的增长就足够可观。

华俊武说："我现在做企业培训，就必须把这件事做好，至少得做到10亿元的年度营收。不能在这个过程当中同时兼顾几件事，我们观察到很多友商就存在这个问题，又做软件又做课程又做运营咨询，结果都没做大。专注把培训SaaS做好，是我们未来取得成功的一个重要因素。"

2. 组织力与人才

酷绚科技初创团队都是从惠普大学出来的，有丰富的培训行业专业累积。未来要持续增长，需要不同工作背景的专业人士加入。酷绚科技勾勒了人才画像，精准地招贤纳士。等酷绚科技发展超过千人规模、营收接近10亿元时，再引入操盘过同样大规模公司的人才。华俊武谈到，未来甚至要从一些国际上优秀的SaaS企业中引进人才。

组织力是酷绚科技特别重视的能力，华俊武认为，有了好策略，如果没有好的团队来落地执行，就无法保证战略得以实现，企业就不可能成为行业第一。酷绚科技除了引用办公协同工具，同时也在构建企业内部的"业培一体"，构建酷绚科技的人才体系、培训体系、组织体系。

3. 以客户为中心的体系建设

酷绚科技正在建立一套贯穿市场、销售、售前、交付到客户成功的业务体系，并基于客户生命周期，建立客户生命周期价值和客户生命周期财务模型，将客户生命周期打通，形成一个围绕客户生命周期的酷绚科技运营体系。

酷绚科技的业务逻辑是全面适配市场。酷绚科技通过产品适配市场打造符合客户场景并且有差异的产品，找到利基市场并专注深耕；通过客户成功适配市场形成"业培一体"的客户成功新理念和体系。酷绚科技一直在探寻全方位的业务和市场最佳匹配，这是酷绚科技增长的底层逻辑。

3.2 学家加的垂直产业生态业务模式

有的SaaS企业专注为某个特定行业和细分市场提供工具和解决方案。目前有50多家SaaS企业专注于金融行业，如久金所、因特利等；近60家SaaS企业专注于地产及物业行业，如明源云、聚房宝等；近40家SaaS企业专注于医药医疗行业，如决策易、医管通等；十余家SaaS企业专注于生产制造行业，如黑湖智造、Femrice等；近50家SaaS企业专注于教育行业，如学家加、美阅教育、知言米知云等，还有专注为建筑行业造价师提供工具的广联达等。

垂直行业的专业性会催生很多专注在某些方面提供解决方案的SaaS企业，专注并不意味只能小而美，中国任何一个产业的市场规模都不小,专注于建筑行业、为造价师群体提供工具的广联达也可以做到年营收超过40亿元,员工近万人。

垂直产业的生态业务专注于某一个产业进行纵深发展。在中国,任何一个产业在面对数字化升级时,都需要基于产业认识、资源、上下游全链的基础数字化设施,选择不同专业方向的数字服务商和数字产业大脑。

学家加于2017年开始业务探索,专注为教育行业提供SaaS产品,2018年GMV(Gross Merchandise Volume,交易总额)破10亿元人民币,2019年破100亿元人民币,2021年成为GMV达240亿元人民币的SaaS教育行业的头部企业之一。学家加也是SaaS行业第一家定位于产业数字化服务商的企业。本节介绍学家加的垂直产业生态业务模式。

3.2.1 背景和增长成果

教育行业SaaS产品学家加隶属西安蝉鸣科技公司,创始人张威绝对是一位有情怀的企业家。张威在2013年创立的第一家公司在2014年就被上市公司收购,他个人实现了财务自由。2016年他在某学校听演讲,有三句话给他留下了深刻的印象:教育公平是社会公平的基础,用教育公平促进社会公平,教育公平阻断贫困之间的代际传承。随后,张威研究发现,教育行业信息化领域,国家每年投入上千亿元,非常重视。他坚信订阅模式是未来教育行业数字化升级的必然趋势,于是成为连续创业者,创办蝉鸣科技,探索教育行业的SaaS产品。

2017年学家加产品上市,开始业务探索,2018年GMV破10亿元,2019年GMV破100亿元,2021年GMV约240亿元,成为中国教育行业SaaS的头部企业之一。

3.2.2 增长三阶段

1. 增长第一阶段

学家加所在地西安缺少善于增长和营销的人才。学家加为了解决企业增长方面的短板，采取"抱大腿"策略。教育行业正面临着产业数字化升级，而阿里、腾讯都是数字化升级的核心平台提供商，这些大平台除了有流量，还有超级品牌资源和投资补贴。

2016年，蝉鸣科技与支付宝合作，支付宝委托蝉鸣科技开发支付宝App的"中小学"入口，蝉鸣科技编写程序开发代码，将其部署到质保平台里面，同时负责运营，虽然2016年没有什么营收，但是跟支付宝建立了比较紧密的合作。

2017年初，张威发现移动支付开始普及，他认为中小学缴费是个机会，就开始跟支付宝共创学费缴费业务，开创了学家加SaaS产品。同年学家加首先跟支付宝合作，为中小学缴纳学费提供SaaS服务，支付宝有对应的补贴政策，大致一年有2亿元左右，学家加能拿到其中的60%~70%。一个初创公司有支付宝这样的大品牌背书，能够相对容易地获得学校客户的认可，进而大幅降低获客成本，缩短结单周期。

2017年学家加处于摸索的阶段，整个学费缴费业务的GMV实现了10亿元。2018年进入规模化增长，加上支付宝有很好的补贴政策，学家加的GMV突破了100亿元。

2. 增长第二阶段

2020年学家加启动跟企业微信的合作，构建渠道体系。

在第一阶段，学家加主要采用电话销售的方式，但电话销售的速度太慢了。为了加速增长，学家加开始引入一些渠道代理商。在扩充渠道初期，张威明确了原则，扩充渠道的目的是做体量，一是要快，二是要量。学家加采用裂变机制，把交学费的佣金给到代理商，裂变政策是介绍 5 个渠道商，佣金比例从 1.5‰ 提升到 3‰。这个裂变政策效果良好，仅仅 6 个月，学家加就构建了覆盖全国的代理商体系。

2019 年学家加 GMV 突破 200 亿元，2020 年受疫情影响 GMV 接近 150 亿元。

3. 增长第三阶段

在第三阶段，学家加形成渠道、电商、商务拓展三层网络销售结构。学家加针对核心中小学数字化服务业务，通过渠道推进学校数字化政策落地，商务拓展团队入校推广和提供解决方案，电商作为辅助，形成 3 种方式互相支撑的营销模式。2021 年实现了 GMV 达到 240 亿元，覆盖超过 10 万所中小学。

3.2.3　3 个关键点

1. 文化驱动

学家加的大部分核心员工都是应届毕业生，没有太多的工作经验，但他们心态开放，乐于拥抱先进的业务方法论，勇于试错，学习与迭代的效率高。学家加目前 500 多名员工，公司氛围活跃，呈现出高增长企业的状态。

学家加发展初期没有管理体系，企业发展主要靠企业文化推动，组织非常扁平，内部没有"总"这样的称呼，团队一直秉承谦虚、开放的态度，在他们看来谦虚尤其重要。学家加组织内倡导向先进的组织学习，有一个阶段学家加公司内部倡导"前人的经验就是我们的基础"。做一件事之前，学家加的员工一定是积极向别人学习，找对标公司，虚心请教，全盘研究，总结成功经验，把别人的经验变成自己的出发点，因地制宜进行改造。

2. 先找标杆

学家加向支付宝学习绩效管理，向美团学习业务管理体系，向今日头条学习规模化电销管理。最近，学家加正在向链家和贝壳学习优质服务理念。学家加对自己的定位是中小学学校的首席信息官，辅助校长完成学校数字化升级。因此，服务能力提升和服务体系搭建对于学家加很重要，本质上讲，学家加未来是做服务的科技公司。

3. 抓住杠杆

每家成功的企业一定会有独到的优势，也就是成功的基因。学家加给我的印象就是做事讲究策略和效率，总是能找到抵达成功的最短路径，这在创业企业中非常难得，也是因为这样的底层能力让学家加能够实现 2 年 GMV 破百亿元。

《格鲁夫给经理人的第一课》一书中明确提出了杠杆率的概念，对于"抓住机会永远比解决问题有用"这句话，张威很有感悟。学家加团队养成了一个行为模式，做一件事之前就要思考这件事怎么做能让杠杆率更高，从战略层面找到实现目标的最短路径。

举个例子，学家加最初考虑学校用 SaaS 工具收学费是不是一个真实的需求。一般企业的做法可能是直接找学校进行调研，但这种方式花费的时间和人力成本都比较高。学家加团队做的第一件事就是跟支付宝进行沟通，询问有没有学校给支付宝打过电话，想通过支付宝收学费。结果发现支付宝的客服确实接过类似的电话，而且还不少。于是学家加给这些学校做回访，了解用户需求，同时通过在线方式推销学家加收银 SaaS 产品。学家加的收缴学费产品从定义到销售实现了极短路径，并且营销成本很低。

3.2.4 垂直产业生态业务

1. 定位产业服务商，做教育行业的开放平台

双减政策之后，教育的主战场回归到校内。作为教育主战场的学校，被国家和社会寄予更高的期望。学生在校时间增加了，不仅课堂内外的时间增加了，学生在学校图书馆、食堂、运动场所的时间都增加了。老师的时间和精力是有限的，对于学校来说，面临着一个巨大的挑战，需要引入外部机构的力量共同服务学生和学生背后的家庭。

张威看到，学校需要联合服务提供商、工具提供商、内容提供商，一起服务家庭。未来会有一个新行业崛起，就是校园服务。学校客户的生命周期相比企业客户长，全生命周期价值更高，校园服务是一个规模很大的市场。张威认为，本土学校服务市场拥有上千亿元甚至几千亿元的市场空间。

学家加定位于教育行业的数字化服务商，站在校长的角度以学校需求为中心，做一个开放平台，引进教育生态的独立软件开发商。阿里云、腾讯云这些大型 IaaS 平台跟学家加的定位并不冲突，学家加是教育行业的服务整合商，为中小学校提供服务入口，辅助中小学校完成数字化升级，实现学校教学质量和效率的提升。

产业数字化发展一定是垂直的，数据只是生产原材料，产业的专业认知模型才是做出聪明决策的生产工具，而学家加要一方面掌握产业数字时代的生产工具，另一方面成为教育产业的流量入口和服务平台。

2. 以校长为中心，为学校提供服务

学家加对自己的定位是，站在校长的角度，保持立场一致。张威分析了很多教育公司的案例，大多数生存周期只有三五年。这

些公司做了很多主观的产品，通过强销售方式卖给学校，因为不是学校端的强需求，所以学校就很难用起来。没有给学校创造价值，时间久了，校长也很痛苦。另外，学校以教职人员为主，不太可能建设一支庞大的 IT 团队，同时优秀的 IT 人才也更倾向去互联网、高科技公司那些同类人才聚集的企业。学校有自己的 CIO（Chief Information Officer，首席信息官）几乎不太现实。

学家加提出，学家加外派 CIO 给学校提供技术支持。这区别于传统的"外派专家"，因为这些 IT 专业人才既是学家加的员工，也是校长的左膀右臂，为学校制定合适的数字化方案。CIO 不是提成制，而是绩效奖励制，营收来自校长对他的满意度和学校数字化赋能关键指标的实现。学家加的 CIO 要做成学校的 CIO，而不是"外派专家"。产业服务是学家加未来的长期战略，学家加同时建立开放平台，以独立软件开发商的方式去做产品，让学家加的 CIO 站在校长的角度帮助校长选择合适的产品。

SaaS 的本质是服务。学家加如此彻底地将自己的业务回归到产业服务上，在 SaaS 行业是少有的。互联网时代，掌握流量是关键；数字时代，掌控产业服务是关键，产业用户要的是实实在在的降本增效。

3. 长久大于规模

张威认为，对于 SaaS 企业来说，长久大于规模，企业应该追求的是长期主义，而非短期的规模化发展。学家加也曾陷入过一些规模化发展的陷阱，想着快速扩大体量，成为规模最大的独角兽，再成为行业头部企业。从 2021 年开始，校园服务市场崛起，张威开始思考"长久大于规模"，公司发展得更久、更健康，可能比早期追求规模更有价值。

长久大于规模,冷静客观地看待 SaaS 这个行业,回到客户和产业的数字化发展需求,提供切实的价值。

在我看来,创业者有三类,为生意拼命的、为事业拼搏的、为情怀奉献的。我从心底敬佩张威这样的连续创业者,财富自由后仍然选择了一条正确且艰难的道路,在两三年内实现百亿级的规模增长后仍然能谦逊地否定昨天的自己,重塑底层思维,转向精耕细作的长期发展。

数字时代和互联网时代的本质有很大区别。互联网时代,头部企业追求规模,因为有了规模就拥有了网络效应(客户从某种商品或服务中获得的价值或效用取决于兼容产品的客户数量,客户越多,客户获得的价值就越高),所以互联网企业都追求更大的市场份额,更大的客户规模。数字时代是纵深的发展,因为深度专业认知被先进技术赋能,促使产业升维发展。任何一个产业被数字化赋能,都需要产业大脑,需要数字化的服务商。

3.3 易快报的三级火箭业务模式

三级火箭的概念在互联网行业中并不陌生,360、小米等知名企业都是三级火箭业务模式的践行者。SaaS 领域也有三级火箭业务模式,互联网行业三级火箭业务模式与 SaaS 行业三级火箭业务模式对比如图 3-2 所示。本节分享易快报的三级火箭业务模式。

3.3.1 背景和增长成果

易快报成立于 2014 年 11 月,是一个企业报销及费用管控 SaaS 平台,提供企业订购、报销管理、费用控制等一体化服务,是费控 SaaS 赛道的头部企业。

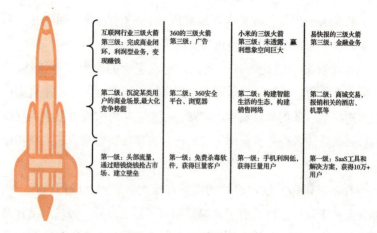

图 3-2 三级火箭业务模式对比

易快报是 SaaS 行业典型的三级火箭业务模式,第一级是 SaaS 工具和解决方案,第二级是商城交易,第三级是金融业务。2021 年易快报已经实现了三级火箭业务的落地,使用 SaaS 工具的企业客户已经在商城采购并使用金融服务,2021 年的商城 GMV 约 20 亿元。

1. 易快报的背景

易快报的创始人马春荃在 2014 年 11 月创立易快报时已经在用友工作了 10 年,是用友 U8 服务事业部总经理。

当时,他看到国家推动会计电子化进程,未来国内市场会变成一个有法可依、有标可循的市场,如果能把会计由信息化升级为电子化,行业就更加规范了。当他看到这个市场机会后,确定将报销作为自己的创业方向。他相信未来一定会全面推行电子发票,企业需要电子化的报销系统和服务,这是很好的 SaaS 创业机会。

马春荃还看到,当时报销是企业的事后管理,员工先消费再回公司报销,企业的管控力度和透明度相对较低。如果能把管理前置到事前的消费阶段，员工去系统申请资金预算，比如在系统平台上购买机票、预订酒店，就实现了事前和事中的管理。

他设想，当易快报拥有足够多的客户时，80%的企业一定会做事前和事中管理，这就催生了一个有意思的商业模式，企业的采购商场，也就是跟报销相关的采购都可以在商城进行，有交易的场景就有金融的需求。马春荃在创立公司初期就看到了易快报的三级火箭业务模式。

2. 易快报的增长成果

2014年11月易快报成立，2015年6月易快报原生产品正式发布上线，先后与钉钉、滴滴、用友、银联、支付宝等平台达成战略合作。2019年实现ARR破1亿元，2021年ARR实现3亿元，并完成10亿元的D轮融资，累计融资15亿元，公司员工近1200人。

外界从媒体报道中更多了解的是易快报SaaS工具业务的发展，事实上马春荃的三级火箭业务一直在稳步发展，2021年易快报企业商城已经实现GMV近20亿元。

3.3.2 三级火箭业务模式

2022年易快报已经实现了三级火箭业务模式的落地，付费SaaS工具的企业客户已经在商城采购，GMV约20亿元。

马春荃认为费控SaaS工具和解决方案这层业务面临政策的时间窗口，未来3~5年国家会大力推广电子发票和电子化报销入账归档。这件事情是易快报的战略重点，获客加速要依托政策落地。易快报的目标客户是员工几百人到几千人的中型企业，目前易快报的付费客户超过6000家。

采购方便，报销便捷，还不用员工自己垫钱，因此大部分客户愿意通过采购商城购买机票、火车票、办公用品等。

大型企业面对机票、酒店、火车票、办公用品等供应商时有足够的议价能力，可以通过采购管理方式，直接引入供应商。中型企业根本没法跟航空公司、酒店集团去谈采购，这就需要一个企业端采购商城，在实现合规管理的同时降低费控报销的成本，提高效率和员工满意度。这些方面，中型企业目前还未被服务好，这就是易快报的机会和业务价值。

易快报的"无须报销"是一套解决方案，简单来说，就是将报销行为从"事后"转向"事前"，将企业用车、差旅、餐饮、办公采购等消费服务进行一站式聚合，员工只需在商城合规消费，由企业直接进行付款并统一开票，中间不再有"报销"的流程。其中一个重要的产品是易快报从 2019 年开始构建的企业聚合消费商城，将阿里、携程、滴滴等有可能在工作场景中产生消费与报销需求的软件聚合，通过制定详细的消费报销规则，员工在消费时不会超额消费，也无须支付，而消费行为和相关票据也不再需要财务手工核对，实现全流程自动化。

金融服务也是同样情况，对于大型企业，可以直接找到银行解决问题。对于中型企业，金融服务就非常有价值。第三级的金融业务是为了润滑第二级商城交易的，让交易更便捷，成本更低。虽然传统的三级火箭是一级一级向上助力，最后一级才是盈利，但易快报的三级火箭模式是上一级向下一级赋能，三级之间互相助力。易快报的第二级商城交易就已经实现了盈利。

3.3.3 增长旅程

1. 政策红利

2015 年 11 月，国家出台政策，明确表示电子发票具备法律效力。费控报销赛道也迎来了一波热潮，易快报借助天时地利人和，快速发展了起来。

2021年开始，费控报销迎来了利好期。先是2020年3月31日，税务总局强调将加快专用发票电子化进程，力争在年底之前取得实质性进展。紧接着2021年，专票电子化实行范围扩大至全国。2021年2月，财政部、国家档案局、国家税务总局和商务部的相关部门联合发布了《关于进一步扩大增值税电子发票电子化报销、入账、归档试点工作的通知》。2021年"十四五"规划中，明确提出了要推广应用电子证照、电子合同、电子签章、电子发票、电子档案。

选对了趋势，抓住了机遇，这绝对属于创业者的实力。

2. 渠道杠杆

易快报第一阶段的增长主要靠渠道。易快报的渠道主要有四部分——用友和金蝶的渠道、流量平台、银行和培训机构。

（1）用友和金蝶的渠道

马春荃因为有用友10年的工作经历，所以创业初期可以借助用友的强大渠道发展业务。在国内，有"南金蝶，北用友"一说。为了构建覆盖全国的渠道体系，马春荃2015年、2016年几乎月月去深圳，最后跟金蝶的渠道成为兄弟和战友，一起合作带来了易快报的第一阶段增长，也构建了易快报覆盖全国市场的渠道体系。

（2）流量平台

当2015年钉钉开始做平台后，马春荃就决定调整产品战略，从原生App改到H5。那个时候，易快报的策略就是积极加入大流量平台。易快报先后加入钉钉、云之家、企业微信，成为这些平台的独立软件供应商。马春荃的目标是做到"易快报无处不在"，这是易快报的增长策略，要品牌曝光，要触达新客户，要让线下服务商去推广易快报的产品。最终,易快报实现新增长并保持流量平台财税销售第一。

(3)银行

马春荃看到银行在企业服务方面也有痛点和需求。银行想知道企业客户的资产信息,包括有多少钱、挣多少钱、花多少钱。银行不约而同地都在做同一件事情,就是搭建资金管理平台。现实是企业客户没有动力将钱从其他银行转入另一家银行。而报销恰恰就是一个适配的场景,因为报销是一个很高频的事情,占用财务很大工作量,并且有国家政策法规以及电子票的推动,所以从电子报销到归档合规、存储电子发票、查询发票、打印银行流水,这一套流程就是一个完整的解决方案。客户使用易快报解决方案的同时就使用了银行的资金管理平台。

银行成为易快报的获客渠道,也成为有效的渠道杠杆。易快报跟银行实现共赢,易快报如果遇到价格敏感的客户,就可以向客户推荐"银行补贴"。对接企业和银行,企业使用该银行资金平台,银行来补贴企业订阅 SaaS 工具的年费。

(4)培训机构

活动营销是易快报的主要营销方式,平均每天都组织线下活动进行获客。易快报了解财税市场,知道财税人员需要定期进行专业培训和国家法规培训,全国各地都建立了本地的培训机构,这已经构成了全国性的网络。于是易快报就跟这些培训机构合作,培训机构负责邀请企业的财务人员参加培训,易快报则是联合组织方提供培训并进行获客和转化。

培训机构同样是一种资源杠杆,虽然通过活动进行获客的成本较高,但是相比其他竞品,通过和培训机构这种资源杠杆合作,易快报也可以达到相对有竞争力的获客能力。

3.3.4 双轮驱动

易快报的商城业务采用双轮驱动模式。SaaS工具同质化是无法避免的竞争问题，本土市场竞争激烈。易快报的SaaS工具定价为10万元，竞品可以定价为5万元甚至免费，价格无法成为一个SaaS产品的竞争优势。但是易快报有商城，服务企业的交易场景，就可以超越"产品免费策略"，真正帮助客户省钱，进一步帮助客户实现持续的降本增效。

合作初期，易快报会给企业客户提供商城优惠券，对于企业客户来说，采购是刚需，大部分客户会用这10万元或者20万元的优惠券在商城采购，一次消费就会带来200万元、400万元，甚至更多的交易额。客户的采购量越多，易快报作为商城平台的议价能力就越强，能为商城引入更好的供应商，获取更低的价格，于是越来越多的客户使用商城，这样就形成了双轮驱动的模式，可以不断迭代进化。

双轮驱动会引发双边循环，客户用完优惠券，会想要新的优惠券。客户尝到了甜头，那么易快报就邀请客户看看其他上百种财税数字化产品，看看还有没有其他工具的采购需求。客户成功团队去做交叉销售和向上销售，同时，商城也可以是SaaS工具的分发平台，也可以成为获客平台，给老客户激励政策，推荐新的客户也可以获得优惠券作为奖励，以此实现从获客到SaaS销售、商城采购、金融等多层业务的螺旋式增长。

3.3.5 文化与组织力

易快报的产品使命是通过报销数字化帮企业省钱，让员工省事，这个使命就是"让有限更有效"。有限与有效一脉相承，让有限更有效会囊括帮企业省钱，让员工省事，它的外延更大。

易快报企业价值观的第一点就是以客户为中心，落点朴实。企业价值观围绕企业使命，易快报全员都在想办法让自己的组织更有效，每一个组织行为更有效，每一个员工个体的工作也尽可能更有效。各个层面的有效被拆解，就像 KPI、平衡计算卡一样，围绕目标做出层层拆解，把使命、文化、组织力真正地结合起来，实现一个个目标。

3.3.6 创始人的底层思维

马春荃的思维模式可以总结为实验、看结果、找根本原因、再调整。具备如此思维模式的创始人往往更有洞见，成长更快。他能看到大多数人看不到的事物本质，也就是这两年业界谈得比较多的第一性原理，同时能做到快速迭代，得到更好的结果。

易快报的报销 SaaS 产品是典型的通用型产品，易快报践行以客户为中心，秉承"让有限更有效"的使命，为客户提供费控一体化解决方案，并实现事前、事中管理。易快报善用资源杠杆，早期使用用友渠道，开拓金蝶渠道；随后顺应大势，抓住钉钉、企业微信、云之家这些流量入口；之后撬动财税培训机构的资源进行大规模的活动营销，实现了持续的增长。易快报员工已经超过千人，成为中国 SaaS 财税的头部企业。马春荃和团队致力于打造企业的文化和组织力，实现 SaaS、商城、金融的三级火箭业务模式，也在奔赴他们心中的星辰大海。数字时代就是一场机遇，SaaS 企业要打破旧格局，才能开创新世界。

3.4 本章小结

数字时代，基于数字产出更聪明的决策，实现降本增效。数字时代跟互联网时代本质的不同在于数字时代是纵深发展的，不同产业沉淀不同的数字原材料，加工成聪明的决策则需要产业专属的认知，最终产生降本增效的成果。未来每个垂直产业都有数字化的产业大脑，汇总产业相关的数据和知识模型，为千万企业提供数字生产材料和行业智慧。产业有数字化基础设施，设施之上有很多应用层的工具，利用产业大脑的数据和认知模型生产出解决应用端问题的各种工具、解决方案等。

| 第 4 章 |

增长动因：客户成功

客户成功是 SaaS 企业增长的底层动因，属于业界普遍共识。SaaS 的本质是服务，SaaS 的收费模式是续费制，只有客户成功了，客户才会续费，SaaS 企业才能因为客户的成功实现可持续的增长。

SaaS 行业衡量客户成功的常用指标是净收入留存率（Net Dollar Retention，NDR）和客户净推荐值（Net Promotion Score，NPS）。优秀的 SaaS 产品一般可以实现 NDR 大于 120%、NPS 大于 10 分。

本土 SaaS 企业的 NDR 和 NPS 暂无官方数据，根据一些投资人和业内专家的分享，不同 SaaS 企业的 NDR 差异较大，本土 SaaS 企业的 NDR 平均值在 80% 左右，能做到 120% 的企业不超过 1%；本土 SaaS 企业的 NPS 整体均值是负值，比如人力资源赛道 NPS 平均值大致为 −10 分，能做到 +10 分以上的 SaaS 企业只有

1%~2%。

基于我对几家客户成功做得比较好的头部企业（如酷学院、Moka、小鹅通等）的深入调研，再结合我在2B领域近20年的从业经历，我将更多站在客户的视角，在本章为大家介绍2B领域的客户成功体系应该如何建设。

4.1 客户成功是 SaaS 持续增长的动因

虽然续费是SaaS企业财务层面显而易见的价值，但是客户成功对SaaS企业的价值远不只续费。客观来讲，SaaS企业很难深度理解细分客户的业务和行业。只有客户才能给SaaS企业如何成长和成功的答案，其中包括：更好的战略，更先进的业务方法论，匹配的SOP（Standard Operating Procedure，标准作业程序），经过PMF（Product Marketing Fit，产品与市场适配）验证的产品，更好的客户成功路径。

续费和转介绍带来的营收只是客户成功给SaaS企业的部分价值，SaaS从业者必须站在更高的角度去认识客户成功，与客户实现共生共赢。接下来，分别简述客户成功为SaaS企业带来的6个核心价值。

1. 客户成功让 SaaS 企业找到更好的战略

很多头部SaaS企业都是在打磨客户成功的过程中找到了业务发展的最佳策略，比如一些头部SaaS企业摸索出的T型业务发展战略。这类企业通常提供通用型工具，虽然它们服务不同细分行业的客户，但是会专注2~5个垂直领域进行深耕，根据细分客户的需求对产品、服务、营销等策略做相应的调整，实现适配，最终形成T型业务发展。例如智齿专注教育、电子商务、企业服务、生活服务领域，酷学院专注互联网、零售和制造3个细分行业。

T型业务发展的企业找到一个利基市场后，通过深度渗透成为细分市场的领导品牌，再通过服务少量来自其他细分行业的客户，寻找下一个利基市场，形成连续的规模化增长。找到利基市场是创业公司的战略重点，那么如何找到利基市场？其实是在服务客户的过程中找到的，通过梳理客户的平均结单周期、获客成本、支付能力，比较不同的细分市场，找到对SaaS企业价值最大的利基市场，也就是平时大家说的甜点客户。

国内任何一个细分市场的规模都是可观的，SaaS公司从0到1往往很容易，从1到10却很难，本章会介绍如何破圈进入利基市场进行深耕，通过跟客户共创实现行业认知累积和市场渗透。

2. 更先进的业务方法论

客户需要的不只是SaaS工具，还有先进的业务方法论。得到一个工具，即便学会了如何操作，如果不知道应该在什么场景使用，为什么使用，就算工具摆在眼前也用不起来。用得好的背后是客户被先进的业务方法论赋能。

要求SaaS企业深度理解客户的业务和所处行业，基本是不可能的，先进的业务方法论应该是先进客户在实践中打磨出来的。那么SaaS企业就要有专门的团队去把这些先进的业务方法论梳理出来，输出给细分市场的其他用户，实现先进用户带动其他用户共同演进。这样客户才能真正成功，SaaS企业的工具才能用得好、卖得好。

3. 匹配的SOP

随着SaaS企业的发展，客户成功团队需要构建标准作业程序，也就是标准化流程。标准化流程绝对不能套用标杆企业的流程，因为客户细分领域不同，应用场景不同，服务、实施、培训等全流程的体验是不一样的，所以最好是跟优质客户一起打磨。

4. 适配市场的产品

产品无疑是企业增长的关键因素，产品包含创新技术固然好，但是任何一项创新技术，都要回到客户的业务场景去解决实际问题，方能彰显价值。那么如何跟客户共创产品，实现产品市场适配呢？下面分享酷学院的案例。

酷学院是一家成立4年营收就破亿元的SaaS企业，能顺利完成从0到1、从1到10的突破，得益于酷学院善于跟标杆客户共创产品。早期酷学院根据产品规划把产品设计出来，供客户使用。其中有一家大型药企的培训负责人被请到公司，酷学院创始人华俊武把产品功能一个一个展示给他看，他反馈道："你们的产品虽然什么功能都有，但是核心问题是这个产品不是用户实际应用的逻辑。比如你们课程功能里面什么插件都有，还有各种课程组合，包括音频、视频课程，这个产品做得像付费平台，而我们的课程通常是一个产品的PPT或者老板早上的一个讲话。我的需求是让员工学习，比如我在系统里选一批员工，员工收到消息，可以立刻开始学习，我还可以随时督促、提醒他们学习。我在PC端或手机端可以随时查看员工的学习进度，在员工学习完成之后给他们一个反馈，再生成一个内部报告。你看，你的产品虽然好，但是跟我们的使用场景完全不匹配。"

随后酷学院与这个细分行业中具有代表性的客户共创产品，认真把这个场景打磨到极致，再将该场景应用推荐给同行业的其他客户，并让客户体会到酷学院推荐的工具和业务方法跟他们业务最匹配，也更先进有效。在这个过程中，酷学院不只是做产品，更是把某个细分行业的先进业务方法论固化成产品，赋能同行业其他客户。

产品适配市场是一个动态的过程，企业的生命周期在发展，产品在演进，掌握产品适配市场的方法才是最重要的，帮助SaaS企业高效地做出符合当下目标客户群体的产品。

5. 更好的客户成功路径

客户全流程体验的路径如何设计？价值传递如何落地？这些并不是客户成功团队在办公室进行头脑风暴就可以想清楚的。需要分析客户的行为数据，通过调研获得客户的反馈，经过验证梳理出最好的客户成功路径。

举个例子，售前同事给客户做产品演示时应该先演示哪个功能？如果售前同事只有一次机会，到底演示什么功能最有可能赢得客户？其实客户成功管理系统中已经有了答案，同类用户平日高频使用的功能，就是应该首先给潜在客户展示的功能。售前同事从成功客户那里学习最佳实践，给潜在客户高效传递价值，以便缩短结单周期。

潜在客户第一次接触某SaaS产品，也许是通过某个会议或者某篇文章，然后进一步了解产品和解决方案、体验、询价和竞品对比，最后采购、交付、体验价值、认可产品、续费和推荐。整个体验流程可以根据管理颗粒度被划分成几十个节点，每个产品适配的客户群一定存在一个最优的客户体验路径，该路径可以让客户体验的价值最大化，同时让SaaS企业的投入产出效率最高。

6. 续费与转介绍

客户填写问卷表达满意度，往往不是最客观的，大部分客户会出于善意给出一个较高的评分。客户的实际行动，如续费、介绍新客户，才能真实反映客户的满意度。

SaaS企业的管理团队应该从以上6个方面深入思考，自己的企业是否真正认识到"客户成功"的价值，并在"客户成功"的践行中获得赋能企业增长的动因。

4.1.1 如何定义客户成功

客户成功是客户心智中的成功。B2B领域中的个人跟2C领域中的个人最大的区别，就是B2B领域的个人从属于某个组织，个人需要在组织内获得成功，获得晋升与发展。组织与个体一样，有组织的行为模式和组织需求。当我们研究B2B客户心智的时候，就要掌握2个知识点，一个是组织需求金字塔，另一个是圈内成功阶梯。

1. 组织需求金字塔

2B与2C的核心区别在于一个是组织主体，一个是个人主体，包括决策模式、心智模式和需求模式都不一样。

组织里的个人同样符合马斯洛需求理论，这是大家都很熟悉的理论，就不过多介绍了。2B组织的需求符合组织需求金字塔。如图4-1所示，第一层是业务价值，基于场景解决业务的实际问题；第二层是组织价值，组织需要盈利、发展和安全；第三层是行业价值，行业需要前进和发展；第四层是国家价值，实践国家战略。

对于SaaS企业来讲，首先要解决客户业务层面的需求，也就是回归到具体的业务场景解决实际问题。大体上SaaS的价值最终都落在降本增效上，这符合本土2B企业发展的进程，从粗放型增长进入精益管理的新阶段。降本增效是个泛目标，一个SaaS产品必须回归到细分市场用户的业务场景解决具体的一个或者一系列问题，产生明确可量化的价值，才能满足客户组织的基础需求。

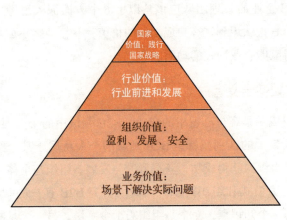

图 4-1　组织需求金字塔

2. 圈内成功阶梯

客户内心觉得重要但又不曾说出来的需求是"个人在组织内外的成功，和组织在组织内外的成功"。组织里的个人，有相应的职业身份，需要获得组织的认可并取得职业成功。每个组织都有其固有的成功阶梯。对于市场专员如何一步步晋升到市场经理，企业一般是有明确路径的；达成 KPI 的是合格员工，不会被末位淘汰；业绩超过大部分同事的是优秀员工，可获得奖励；对于执行重大项目且有突出贡献的员工，除了可获得奖金，还有晋升优先权。诸如工程师晋升为总工，普通医生晋升为主任医生，这背后早已形成一条明确且稳固的成功阶梯。每个行业都是一个圈层，尤其垂直行业更是一个高度专业的圈层，每个圈层都有经过长期发展后约定俗成的成功阶梯。SaaS 企业支持 2B 用户实现的客户成功，应该是赋能客户攀登圈内固有的成功阶梯。

举个例子，SaaS 产品的直接客户往往是执行层。当经过复杂的决策链审核和采购过程并终于启用一款 SaaS 工具后,每个客户都需要"第一里程碑"。这个里程碑既要解决实际的业务问题,又要向组织证明,选择这个 SaaS 工具是明智的。SaaS 的客户成功团队服务客户的第一个目标不是让他们学会操作工具,而是让他们通过 SaaS 工具解决某个实际业务问题,并让他们的组织看到他们取得的成果。

让客户的组织看到他取得的成果,就要让成果在客户的组织内部和外部显化。显化是非常重要的,如果一个成果是隐藏的,那么这个成果的影响力在组织内部就非常有限。显化的方法有很多种,比如帮助客户梳理总结报告,协办报告会,邀请组织的领导参加汇报会,汇报时代表乙方认可客户的努力和成果,让客户个人的成绩被组织内部看到。对外,输出媒体专访、案例,让客户的成绩被组织外部看见,被同行看见。被认可绝对不是沽名钓誉,被认可是人类本能的需求,也是人类社群、圈层积极健康发展的正向力量。

客户组织使用 SaaS 产品取得的成就也要在其组织内外显化。组织取得的成果和进步要让更多的人知道,得到认可并成为带领组织前进的标杆,任何一个组织都需要这样的荣誉感。这也进一步验证了,组织采购某个 SaaS 产品是明智的,没有风险和损失。资深的销售经常说,2B 客户采购产品,第一考虑的因素不是价格,而是风险。SaaS 企业要真正理解组织需求,这样才能服务好客户,帮助他们获得真正需要的客户成功。

我经常跟我辅导的企业说:如果不知道客户桌子上摆着什么,就很难做到客户成功。这句话的意思就是要深度认知客户的圈层和圈层固有的成功阶梯。

4.1.2 客户更需要先进的业务方法论

数字时代，企业要的不仅是数据，更是基于数据的聪明决策。SaaS 提供的是服务，服务客户被先进的业务方法论赋能。如果只把 SaaS 当作工具卖，那么客户会不会用，就决定了 SaaS 企业的命运。如果 SaaS 企业销售的是先进的业务方法论，客户通过先进的业务方法论取得了切实的成果，而这套先进的业务方法论需要 SaaS 工具支撑，那么 SaaS 工具就成了刚需，SaaS 企业也随之成功。

分享一个案例，广联达是中国上市 SaaS 企业，其营销能力优秀，尤其擅长活动营销。2021 年，广联达在全国举办了上千场活动，平均活动 ROI 是 8∶1，即在活动营销上投入 1 元，得到 8 元的新增营收。广联达也在积极进行数字化升级，是本土企业中的先行者。

目前广联达使用 Oracle 的 BI 系统，当下 BI 的发展还处于数据的整理和陈列层面。广联达营销团队只有活动数据，数据还只是数据，没有被加工成聪明的营销决策。我辅导广联达的相关同事分析活动数据，对营销活动进行分层并优化活动策略。初步判断通过基于数据的活动营销优化，可以节省 1000 万～2000 万元的年度市场预算，这是可以量化的降本增效效果。

通过分析活动数据，还可以找到标杆活动，进一步挖掘最佳活动营销的 SOP，根据业务发展优化活动策略，通过优化销售流程提升活动执行的效果。以上真正实现将营销价值落地的就是活动营销的先进业务方法论。

再举个例子，本土市场客户能否真正将 CRM（Customer Relationship Management，客户关系管理）工具用起来，决定因素不是产品设计得够不够好，而是客户是否能掌握销售流程管理这套先进的业务方法。掌握的企业，使用 CRM 工具是给销售管理赋能；没有掌握的企业，填写 CRM 就成了销售的负担，每天当任务一样填写，对销售的实际工作没有价值。

销售流程管理实际是销售精益管理，对于销售的最大价值是以下 4 项。

- ❏ 只需跟进成熟的商机，不再把时间浪费在距离签约还很遥远的初级线索。
- ❏ 不断跟组织内优秀的销售人员学习成熟的方法，优化自己的订单转化率。
- ❏ 管理好自己的商机，做出更准确的销售预测。
- ❏ 按照销售预测申请预算和资源，减少审批流程等。

执行销售流程管理，是能明显提高组织效能，为销售带来方便和实际利益的，绝不是销售的负担，而没有 CRM 工具，销售精益流程管理就无法落地。

CRM 在有的企业中成为销售的负担，是因为基于传统的销售管理理念配合先进的销售管理支撑工具，方法论和工具不匹配。好比一个人仍然在拿着笔和纸写信，却注册了一个电子邮箱，结果他每次先在电子邮箱里打个草稿，然后誊抄在信纸上，那电子邮箱对他而言当然就是负担了。

4.1.3 客户成功与 SaaS 增长的底层关系

客户成功与 SaaS 增长的底层关系值得我们深入思考，一句话概括客户成功与 SaaS 增长的底层逻辑——SaaS 所有的增长战略都应来自成功客户。

创业公司有两条创业路径，一条是通过创新的技术和理念做成产品，然后找到适配的市场和客户；另一条路径是深知细分行业客户的痛点，整合技术和解决方案做产品，然后提供给目标客户。

无论初始路径是哪条，最终都要回到向目标客户群传递价值。

回归底层逻辑，客户成功与 SaaS 增长的关系有两个，一个是制定战略，另一个是增长能力。

1. 制定战略

中国市场当下有超过 6000 家 SaaS 企业，绝大多数处于创业初期，探寻规模化增长。这个阶段 SaaS 企业的核心目标是找到利基市场，这样才能实现第一轮规模化增长，这也是最挑战创始团队能力的战略性工作。

如果光靠感觉，寻找利基市场往往会误判。某企业做了 A 细分领域的一个大单，是成立以来的最大订单，大家很激动，认为这可能是首选的利基市场。后来做了该细分市场的摸排，才发现该大单很难在其他地区复制，原因是受限于"典型特殊资源"。还好，摸排只用了一个月的时间，并没有让这家企业因为战略决策失误而耗费巨大运营成本和机会成本。

通过客户数据来确定利基市场，建议看 4 个关键指标，结单周期、付费意愿、使用黏性、潜在客户量。

- ❑ 结单周期就是潜在客户从第一次接触供应商到执行采购之间的平均时间周期。
- ❑ 付费意愿是一个相对值，几个细分市场客户相比较，对价格不敏感，愿意支付更高价格的细分客户的付费意愿相对高。这个指标可以用 10 分制进行评分。
- ❑ 使用黏性一般看客户使用频率，或者向上销售、交叉销售的金额；使用频率高的细分客户的黏性更大，交叉销售和向上销售金额大的客户的黏性更大。
- ❑ 潜在客户量就是该细分市场目标客户的总数。

表 4-1 列出了一家 SaaS 企业根据目前客户数据对 4 个细分市场进行分析的情况,可见细分市场 C 是该企业当下的利基市场。这些评估数据都来自客户成功运营的日常累积,成功的客户已经为 SaaS 企业给出了如何做增长的答案,需要 SaaS 企业去挖掘这些数据,获得洞见,形成适合当下的最佳战略。

表 4-1　确定利基市场

细分市场	结单周期 / 月	付费能力	增值销售 /%	潜在客户数量 / 个
细分市场 A	2	5	10%	2000
细分市场 B	6	10	50%	1000
细分市场 C	3	8	50%	3000
细分市场 D	3	3	0%	10 000

2. 增长能力

企业增长能力体现在企业的组织力和增长方法论上,而企业的增长方法论,大部分来自成功客户。典型的增长路径如图 4-2 所示,通过产品适配市场的过程,定位利基市场,制定进入市场的策略,形成可复制的销售模式,实现规模化增长。

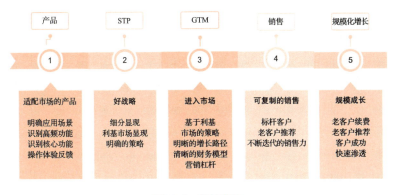

图 4-2　增长路径

下面根据图 4-2 所示的增长路径，分别介绍适配市场的产品、好战略、进入市场、可复制的销售、规模化增长的关键点。

（1）适配市场的产品

增长的起点来自适配市场的产品，跟成功的客户学习应用场景，查看客户的使用数据，找到高频功能和核心功能。SaaS 企业应该在核心功能和高频功能上不断打磨，让产品具有差异化和突出竞争力，并且增加核心功能的使用黏性，从而加强产品的使用黏性，通过客户的体验反馈不断优化产品。

（2）好战略

好战略就是常说的 STP，即 Segmentation（细分）、Target（目标）、Position（定位）。STP 的结果是要找到一个或几个利基市场，形成 SaaS 企业当下的最佳业务策略。目前头部 SaaS 企业要么在创业初期就明确聚焦某个细分市场，要么通过对成功客户的研究识别出了利基市场，接着实现规模化增长。

（3）进入市场

在进入市场（Go To Market，GTM）这一阶段要完成产品上市、进入市场、产生商机。华为把这个阶段称作 MTL（Market To Lead，从市场到线索），现在也有很多企业在学习华为的方法，其实本质都是营销流程的精益管理，华为当年也是学习 IBM 建立了这些精益管理的流程。不过不建议 SaaS 企业直接照搬华为的 MTL，因为业务模式差别比较大，更重要的是理解精益管理的方法论。

这个阶段最好的策略是跟客户学习，一方面听取成功客户关于进入细分市场的经验，另一方面梳理过去获取客户的路径，总结进入市场的策略。坐在办公室里讨论策略是非常危险的方式，应该下沉到市场一线，走到客户之中，成功客户往往是企业最好的导师，指引企业找到进入市场的最佳策略。

(4) 可复制的销售

在这个阶段，成功客户提供了标杆，标杆本来就是营销杠杆之一。因为标杆可以带来更多的线索，所以要和标杆客户一起推广，实现品牌联合。标杆客户在业界的权威性提升了，SaaS 企业也随着品牌影响力的扩大可以更高效地获客。

(5) 规模化增长

通过前 4 步实现规模化增长，企业已经打造好产品，制定了符合当下的策略，聚焦利基市场，探索出可复制的成功 SOP 和业务模型，进入规模化增长的高速发展之路。

4.2 全生命周期的客户成功管理

客户成功管理包含 4 个方面：实施交付、交叉向上销售、续费推荐、挽留流失客户。SaaS 企业要回归以客户为中心，实施全生命周期的客户成功管理。客户全生命周期包括客户第一次接触 SaaS 企业并留资，到若干年后退出不再使用订阅服务的整个客户旅程。

4.2.1 一个系统

客户成功团队开展运营需要系统工具的支持，现在常用的是 CSM（Customer Success Management，客户成功管理）系统，又称 CS（Customer Success，客户成功）工具。客户成功工具提供了 360° 全方位的客户数据。客户成功团队通过这些数据，能够确定不同客户在使用、复购、增购的过程中，存在哪些摩擦点，需要哪些帮助和支持。

客户成功工具一般提供以下功能。

- ❏ 客户参与分析
- ❏ 产品使用跟踪

- ❏ 客户生命周期分析
- ❏ 健康评分数据
- ❏ 客户体验洞察
- ❏ 客户反馈收集
- ❏ 用户分析
- ❏ 客户参与度的实时洞察

需要强调的是，客户成功工具一定要与营销系统打通，SaaS企业需要对客户的全生命周期进行管理，因为客户与企业交互的起点是客户第一次接触 SaaS 企业，所以营销阶段的用户行为数据也要纳入客户成功管理的范围，这些数据会给客户成功团队更全面的用户洞察。

4.2.2　全生命周期客户成功管理

全生命周期客户成功管理主要分为 4 个阶段，营销流程阶段、实施交付阶段、客户成功阶段、客户持续成功阶段，如图 4-3 所示。

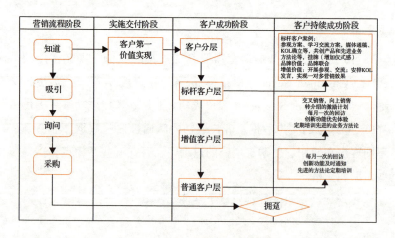

图 4-3　全生命周期客户成功管理

1. 营销流程阶段

在营销流程阶段，客户经历 5A 过程，即知道（Aware）、吸引（Appeal）、询问（Ask）、采购（Act）、拥趸（Advocate），从知道某个 SaaS 品牌，到被吸引，接着询问方案和价格，然后进行采购行动，最后成为拥趸者。

2. 实施交付阶段

这个阶段对于 SaaS 企业来讲就是实施和交付，对于客户来讲是"第一价值"的实现。客户"第一价值"特别重要，客户使用 SaaS 产品并不是只奔着一个终极目标，SaaS 企业应该把客户的终极目标拆解成若干个阶段性目标，让客户不断实现阶段性目标，在成功的喜悦和激励下前行。而这一系列阶段性目标中的第一个目标，就是实施交付阶段应该实现的"第一价值"。

3. 客户成功阶段

这个阶段的重要工作是进行客户分层。不同客户对于 SaaS 企业的价值不同，需要先分层再运营。常见的分层有标杆客户层、增值客户层、普通客户层。每家 SaaS 企业可以根据自己的业务情况设计分层。在制定客户成功团队的服务内容和标准时，要回到客户圈层，根据固有的成功阶梯来设计客户成功执行方案。

4. 客户持续成功阶段

针对不同分层客户执行不同策略的客户成功运营方案，4.2.4 节将做详细介绍。

4.2.3 客户第一价值

客户第一价值的实现是 SaaS 企业交付实施的成果。本土 SaaS 企业普遍在客户成功方面做得不够好，除了产品层面的问题，还有一个原因是价值传递做得不理想。SaaS 企业给客户描绘了一个巨大的价值蓝图,实现终极目标需要时间且充满挑战。应当把终极目标拆解成阶段性目标,每个目标 1~3 个月就能实现,这样客户实现了一个个小目标,就会被激励,也切实体验到了 SaaS 产品的价值,可以更积极、有信心地走向下一个目标。

很多 SaaS 产品都具有复杂且庞大的功能架构。客户要学习如何操作,结合业务进行尝试,摸索出一些成果,总结业务方法论。这对于客户来讲是一个具有挑战性的过程。SaaS 企业应该重塑价值交付流程,给客户布道一个先进的业务方法,找到一个应用起点,培训相关操作,落地到业务场景,产生实际结果,让客户获得第一价值后,再去实现下一个阶段性目标,产生一些创新和新的价值,信心满满地积极前行,如图 4-4 所示。

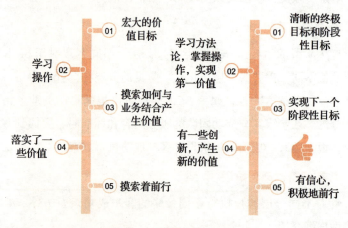

图 4-4 价值交付路径对比

举个例子,自动化营销工具 MarTech 的功能相对复杂,对于传统的垂直行业客户,传统营销工作以活动营销为主,如果能够将线下活动的客户数据收录到系统内,实现数字化,那么线下参加活动的潜客就能被数字化成可以追踪再联系的线索。这个业务方法论很简单，相关的SaaS工具操作也不复杂，回到业务场景验证后，一般一个月内就能得出结果。用户看到的MarTech工具系统中的第一个活动的客户线索，就是"客户第一价值"。

再举个例子，对于互联网客户，平时会做很多内容营销工作，那么他们的"第一价值"可能就是某个图文内容的转发数据，多层级转发的潜在客户拓扑图。客户的第一价值是客户认可的价值，是能短期实现的产品体验价值。

客户第一价值是成功客户和SaaS企业共创的，客户提供真实的使用场景和行为数据，SaaS企业结合产品价值，设计第一价值实现和阶段性价值实现路径，直到实现终极价值。

4.2.4 客户成功分层管理

一般建议把客户分为标杆客户、增值客户、普通客户进行管理。

1. 标杆客户

标杆客户是客户群体里面的少数客户，标杆客户本身要有影响力和品牌力，SaaS企业与标杆客户通过品牌联合，实现共赢。

打造标杆需要精细运作。第一阶段，让客户实现第一价值，深度打磨，形成业务方法论。第二个阶段，全方位塑造标杆客户，包括一起打磨案例、输出先进方法论、联合设计营销方案、制定品牌联合行动计划；跟标杆客户一起打造KOL，制作演讲PPT、媒体通稿、品牌内容营销包等；通常会给标杆客户正式挂牌，安排专业且有仪式感的活动。第三个阶段，品牌联合，实现一对多营销传播；将品牌联合的行动计划一一落地，在获取新线索的同时，双方都沿着各自圈层的成功阶梯上了一个台阶。

标杆客户的运营追求质量，不求数量。精心打造每一个标杆客户，并且让品牌联合真正落地产生价值，带来新的潜客并提高品牌知名度与美誉度。

2. 增值客户

增值客户是能给 SaaS 企业带来更多营收和新客户的高价值客户。针对增值客户要提供交叉销售、向上销售的产品，并且制定优惠政策。要专门制定转介绍激励计划，鼓励并感谢增值客户推荐新客户。

3. 普通客户

大部分客户是普通客户，当然 SaaS 企业希望将越来越多的普通客户升级为增值客户，这是衡量客户成功部门服务质量的典型指标。

4.2.5　终极目标必须分步实施

SaaS 工具提供的是降本增效的核心价值，不同 SaaS 产品的价值会落在不同的应用点上。比如 SCRM（Social Customer Relationship Management，社会化客户关系管理）工具的终极目标不是让客户在社交网络投放内容，也不只是建立私域，而是让客户通过更低的获客成本，实现更高的增长。CRM 工具的终极目标不是将每个项目都输入到系统中，而是给销售赋能，实现销售流程精益管理，实现降本增效。

功能越强大、一体化程度越高的 SaaS 产品，帮助客户实现的终极目标就越宏大，实现目标所需的时间就越长，难度也越大。终极目标需要被拆解成阶段性目标，分步实施。本土众多 SaaS 产品中，能让客户一用就上手，一用就感受到产品价值的还很少。功能强大跟即刻体验产品价值并不矛盾，关键在于能否把 SaaS 的交付价值拆解成即刻可体验的阶段价值。

很多人认为客户能否体验到 SaaS 产品的价值，受限于产品属性，比如协同办公类的 SaaS 产品本身就简单，客户容易体验到价值。事实上并不是这样，协同办公类 SaaS 产品大多是 PLG 模式的，在产品设计过程中，产品团队就开始研究客户的体验，并把客户体验融合在产品设计之中。

举个例子，Slack 的产品经理针对客户体验设计了两个阶段性的价值传递目标。第一个是通过快速形成客户端项目组，让客户感受到协同工具的价值点。客户可以立刻建立一个虚拟的项目组，实现项目进展信息的及时分享，只要客户使用 Slack 建立一个项目，拉成员入组，就可以立刻体会到这个价值点；第二个是看到项目组成员的反馈，以前项目负责人发出一个任务，并不清楚对方是否收到，反馈如何，现在项目负责人可以立即看到对方有没有查看该信息，是否按照要求完成任务，已完成的任务旁边会标注"√"，任务完成的那一刻，项目组的所有成员都能看到任务的更新状态。

垂直类专业 SaaS 产品的功能相对复杂，其实同样可以把终极目标拆解成阶段性目标，越是复杂的 SaaS 产品，就越应该把终极目标拆解成多个阶段性目标，让客户在一个个可实现的目标下体验价值，激励他们继续走向下一个目标，直至终极目标。这才是客户成功之道！

4.3 搭建客户成功团队

SaaS 企业搭建客户成功团队时要考虑两个方面，一方面是全生命周期管理的客户成功，另外一方面是客户成功运营团队需要被数字化赋能。客户数据是 SaaS 企业宝贵的数字资产，应该分析客户行为数据，发现洞察点，提高 SaaS 企业运营水平，实现营收增长。

建议客户成功团队包括以下3个基础功能部门。

- 客户成功运营团队：进行客户全生命周期整体管理与运营，整合用户数据和市场一线信息进行决策；制定客户成功运营的策略、目标并分解到各个执行部门；管理CSM系统，分析客户数据；管理客服团队，负责整体运营水平的提升。
- 实施顾问团队：完成项目实施交付，实现客户第一价值。
- 客户持续成功团队：进行客户分层，开展标杆客户、增值客户和普通客户的管理与运营。

4.3.1 客户成功团队职能概述

客户成功团队根据分工侧重点不同，一般包括3个基础功能团队，即客户成功运营团队、实施顾问团队和客户持续成功团队。接下来分别介绍这3个团队的具体职能。

1. 客户成功运营团队

客户成功运营团队是非常重要的职能团队。SaaS企业拥有的客户行为数据是宝贵的资产，要把这些资产转化为更高的客户服务水平，为企业带来增长结果，就需要有团队去管理数据，分析数据，发现洞察点，做出更聪明的决策。

客户成功运营团队负责客户全生命周期管理，整合用户数据和市场一线信息进行决策；制定客户成功运营的策略、目标并分解到各个执行部门，管理CSM系统，分析客户数据，发现洞察点，提出客户服务的优化方案；管理客服团队，提升客户运营水平。

客户成功运营团队因为接触客户最频繁，所以承担了挖掘客户洞见的任务，为产品团队提出产品优化和改进的建议。在激烈的市场动态竞争下，客户成功运营团队拉动产品迭代，保持产品竞争优势，避免因为产品问题而流失客户。

2. 实施顾问团队

实施顾问团队主要负责提供售前解决方案和售后实施与交付。该团队要了解客户的真实需求，为客户提供解决方案，为客户引入先进的业务方法论，完成项目的实施与交付；精心设计和打磨客户的第一价值，并在实施交付阶段帮助客户实现第一价值，达成客户成功的第一个里程碑。

3. 客户持续成功团队

客户持续成功团队通常分成几个小组开展日常工作。在开始客户的管理与运营之前，先进行客户分层，即将客户分成标杆客户、增值客户、普通客户。

（1）标杆客户

对标杆客户的管理与运营，要制定全套的标杆客户管理运营方案，首先定义好标杆客户的画像，然后制定标杆客户的打造方案、标杆客户的运营方案。管理与运营标杆客户的目的是通过品牌联合提升SaaS企业的品牌力，同时开展营销活动，产生新商机。

（2）增值客户

增值客户可以理解为SaaS企业的忠实粉丝，忠实粉丝和普通粉丝的最大差别在于是否增购、是否推荐其他潜在客户。这些行为背后体现了增值客户将SaaS工具用得好，并且明确体验到了产品价值，发自内心地认可SaaS品牌，愿意为其背书。

对于增值客户要设计好推荐激励计划，产品的新功能要给增值客户优先体验权。要给他们的忠诚予以回报，SaaS企业要设计好回报项目，包括增购的特殊政策和特殊优惠等。

（3）普通客户

要做好对普通客户的定期回访，解决客户遇到的日常问题。

定期开展先进业务方法论的布道，让普通客户获得的价值能逐步增加。邀请普通客户参与标杆客户的分享活动，参与 SaaS 企业举办的价值传递活动。

普通客户需要信息价值，比如学习更多的先进业务方法论；普通客户也需要社交价值，比如加入同行的社群，拓展资源和人脉。

本节没有谈及太多挽留计划，对于客户流失，除了 SaaS 企业自身经营出现了问题，大概率是客户成功做得不够好，如果 SaaS 企业不断提高客户成功运营水平，那么因为不满意而流失的客户就会越来越少。预防客户流失要比挽留客户更重要。

4.3.2 数字化赋能客户成功团队

SaaS 企业对客户行为数据的研究应该在卖出第一个产品后就启动。当客户总数相对少的时候，SaaS 企业不需要额外的工具管理客户，但是当客户数量超过 500 个的时候，就有必要使用客户成功管理系统来管理客户的全生命周期了。客户的行为数据是 SaaS 企业的重要资产，不应该躺在系统内，而是要赋能 SaaS 企业的增长。

举个例子，从客户行为数据里就能找到增值客户喜欢使用的高频功能，那么客户成功团队就应该拜访这些客户，先去了解高频功能的具体使用场景和价值，然后把增值客户的"先进方法论"做成标准化的方案，传递到普通用户中。如果不看客户数据，客户成功团队很难从成千上万的用户中挖掘出好的业务方法论。我们必须相信，我们永远都不可能比客户更了解他们的业务和行业，最好的应用场景和业务方法论一定来自成功客户。

SaaS 企业要做好发现、总结、布道的角色，让价值在客户间流动起来。创造专业认知层面的资产是软实力，是竞争对手很难复制和模仿的,这就是 SaaS 服务客户的价值护城河。

4.3.3 客户成功团队的衡量指标

客户成功运营属于典型的精益管理。分层的服务需要有对应的服务方案、标准流程和衡量指标。本节以表 4-2 所示的 YQ 公司全生命周期客户成功管理指标为例进行详细介绍。

表 4-2　2022 年 YQ 公司全生命周期客户成功管理衡量指标

团　队	五星指标	四星指标	三星指标
客户成功运营团队	增值客户比例 使用日活数据 每月优化项目数量	ARR 增量和增速	NDR、NPS、流失率
实施顾问团队	客户满意度 第一价值实现度	解决方案迭代	
客户持续成功团队			
标杆客户管理团队	标杆客户带来的 MQL+SQL 数量	品牌指数变化	
增值客户管理团队	增购营收增长率 转介绍 SQL 数量	先进业务方法输出量	续费金额、续费率
普通客户管理团队	客户培训数量 解决客户问题的质量和数量	普客转增值客户比例 价值传递活动参与率	续费金额、续费率

管理指标按照优先级分为五星指标、四星指标、三星指标。

客户成功运营团队的五星指标是增值客户比例、使用日活数据、每月优化项目数量,四星指标是 ARR 增量和增速,三星指标是 NDR、NPS 和流失率。因为客户成功运营团队负责客户成功的整体运营,所以他们拉动整个企业的资源朝着更高的客户服务水平发展。他们关注的核心指标应该是客户用得好不好,优质客户的比例是不是在不断增加以及拉动优化改进的项目的数量和质量。

五星指标之所以优先级最高，是因为五星指标做好了，ARR 增加，NDR、NPS、流失率这些四星、三星指标也会相应优化。客户成功运营团队围绕这些指标的变化，可以尽快分析并发现问题，及时跟其他团队一起解决问题，逐步实现公司整体服务水平的提升。

实施顾问团队的五星指标是客户满意度和客户第一价值实现度，四星指标是解决方案迭代。这一项内容比较简单，不做过多介绍。

因为客户持续成功团队根据客户分层进行客户成功管理，所以不同团队的指标不同。标杆客户管理团队的五星指标是标杆客户带来的 MQL+SQL 数量，四星指标是品牌指数变化。增值客户管理团队的五星指标是增购营收增长率和转介绍 SQL 数量，四星指标是先进业务方法输出量，三星指标是续费金额和续费率。普通客户管理团队的五星指标是客户培训数量、解决客户问题的质量和数量，四星指标是普客转增值客户比例、价值传递活动参与率，三星指标是续费金额和续费率。

不同团队用不同指标来驱动，这样团队的工作会更加聚焦。另外，把结果指标放到三星的位置，把影响结果的指标放在五星和四星的位置，可以让团队更聚焦结果背后的原因，更务实有效。每个公司可以结合自己的业务情况制定相关的指标。

4.4 本章小结

本章介绍了客户成功管理的核心理念，客户成功管理是客户全生命周期的管理和运营，必须被数字化赋能，要让用户数据变成驱动提升客户服务水平和企业增长的动力。

客户成功管理的基础哲学是跟成功客户共创先进的业务方法

论，用先进的业务方法论赋能同行业的其他客户。对客户进行分层管理和运营，运营团队不仅要关注客户成功的结果指标，更要关注结果指标背后的原因指标，并据此设定客户成功运营团队的衡量指标。客户成功团队要专注于为客户产出价值，跟客户一起演化，不断提升客户服务运营水平。

| 第 5 章 |

增长必备基本功：客户旅程

　　SaaS 的本质是服务，用先进的业务方法论赋能所服务的用户，SaaS 产品是用户采纳先进业务方法的必备工具。SaaS 企业从产品、研发、营销到服务各职能都要以客户为中心开展。客户旅程是以客户为中心的起点。数字营销是数字时代 SaaS 企业营销的主要方式，同样，客户旅程是数字营销的起点。客户旅程是每家 SaaS 企业、每个营销团队紧握着的基础地图。

　　已经有超过百家 2B 企业向我咨询增长、营销、品牌方面的问题，在这个过程中我发现大部分营销团队并不了解客户旅程，也不会绘制客户旅程，可这是每个 SaaS 企业必须掌握的基本功。

　　客户旅程是 SaaS 企业以客户为中心的起点。鉴于客户旅程如此重要，是增长团队的必修课，本章将系统地介绍客户旅程，带领读者一起绘制符合自己业务的客户旅程。

5.1 客户旅程的重要性

SaaS 企业和用户之间是服务和被服务的关系，需要共生式发展。只有用户被 SaaS 企业赋能发展，才会续费，反哺 SaaS 企业的增长和发展。在 2B 领域，由于专业性高，SaaS 企业需要坚持长期累积对用户及行业的认知，客户旅程是 SaaS 企业认识客户的基础地图。

5.1.1 SaaS 增长的基础地图

1. 产品与研发需要客户旅程

大部分人对客户旅程的印象是，这是营销部门讨论研究的，跟产品和研发部门没有关系，至少跟研发部门肯定没有关系。在 2B 高精尖领域这么说勉强成立，那些掌握先进技术的企业可以定义行业新品。而 2B 领域大部分赛道都进入产品同质化严重、竞争激烈的阶段，一旦进入这个阶段，就从卖方市场转向了买方市场，即由客户决定到底买谁的产品。以客户为中心，获取用户心智，就成了商家必争之地。

本土 SaaS 赛道虽然还在发展初期，但是同质化严重，提早进入了买方市场。2008 年我做数字化营销时，苦于本土没有一家 MarTech 产品，现在本土已经有近 3000 家 MarTech 品牌，其中 2B 领域我使用过的至少有 30 家产品。SaaS 行业当下要在产品定义阶段从客户的不同需求侧切进去做好差异化和创新。

SaaS 赛道有产品驱动增长型的产品，这类产品更需要在产品定义和研发初期深度研究客户旅程，将客户体验和病毒性增长融入产品设计，使产品自带增长力。

除了产品驱动增长模式的产品，如果企业践行以客户为中心，那么在初创期就应该启动客户360°的研究，绘制客户旅程。产品价值应该围绕客户的痛点和需求以及体验来设计，客户旅程其实就是客户体验的呈现方式。

2. 营销需要客户旅程

营销团队的主要任务是跟客户进行价值传递，加速推进营销流程。客户旅程描述了客户从接触品牌、知道、询问、采购、拥趸全过程和品牌在各个接触点的互动。在数字时代，为了更加准确地衡量营销的投入回报，需要深度研究客户旅程，提高营销效率。

以前营销界有一个世纪难题，一半的预算浪费了，可不知道是哪一半。现在这个难题已经被数字化解决了，企业能否受益其中，取决于企业对客户研究的颗粒度。如果对客户研究得足够细致，通过营销实验就能发现更好的营销方案，不断优化营销效果，识别并舍弃浪费预算的营销行为。

客户旅程是营销实验的基础地图，通过营销实验发现洞察点，不断完善客户旅程，不断提高营销的效率。

3. 客户成功需要客户旅程

客户成功是客户和 SaaS 企业的彼此成就，是客户和客户之间的彼此成就。如今 SaaS 企业客户成功团队的工作主要围绕已经签约付费的客户展开，从实施到培训，再到定期反馈。

因为 SaaS 服务的客户主体是 2B 企业，所以客户成功是多层面的，包括客户个人在其企业内部和企业外部的成功，客户所在企业在企业内和企业外的成功，以及客户所在企业在更大外部竞争市场上的成功。既然要围绕客户成功开展工作，那么势必要全面掌握客户内部、外部的业务路径、组织行为模式、成功标准等，这样才能真正把工作做到位。

客户成功团队绘制的客户旅程和营销团队的客户旅程侧重点不同，合并在一起才能构成 SaaS 企业完整的客户旅程。SaaS 赛道的客户旅程最复杂，因为 SaaS 是全生命周期服务用户，不是计次交易，而是陪伴式地帮助客户被更先进的业务方法论赋能。

5.1.2 数字营销的起点

数字营销是数字时代的主流营销模式，随着数字化的发展，数字营销在企业营销投入中的比重将越来越大，最终成为主体。

1. 什么是数字营销

数字营销不是线上营销，也不是建立一个数据库存储营销数据。数字营销是基于营销世界的数字化，包含用户数字化、渠道数字化和营销工具数字化，之后让营销全流程实现可用数字衡量，用数字追踪，同时通过数据分析优化，通过人工智能等工具赋能，在营销的精准与效率方面有量级提升的新营销方式。

企业做营销增长，对内是推进企业的销售流程，对外是推进潜在客户的认知流程。企业的本质是跟客户做价值交换，只有企业的销售流程和客户的认知流程打通并流动起来，才能真正实现价值交换。展示企业销售流程、客户认知流程以及这两个流程如何打通的细则，就是客户旅程。

2. 交互型的客户旅程

数字时代的客户旅程与传统的客户旅程是有所不同的。传统的客户旅程主要应用于 2C 营销，描述了一个客户接触某个品牌全流程的感受和行为，客户旅程的关键要素包含客户的触点、客户体验、客户行为的研究。数字化的客户旅程也是以客户为中心的，不同的是研究客户与品牌方交互形成的认知、体验、参与、成功，最终形成基于互动的客户旅程。

数字时代的客户旅程不是站在客户的角度去描述客户的体验全程，而是站在高于客户的角度描述品牌方和客户的交互全程，从感受到行为，从个人到组织，从知道到拥护，从线索到采购。

5.2　客户旅程

客户旅程是一种了解客户、连接业务的方法。本节通过详细解析营销团队使用的客户旅程介绍客户旅程，并带领读者绘制属于自己业务的客户旅程。方法学会了，读者可以触类旁通，绘制产品团队、客户成功团队需要的客户旅程。

图 5-1 是一个标准的客户旅程，营销人员可以根据客户旅程的核心价值进行调整和优化。只要跟自己的业务结合起来，能指导日常工作的，就是好的客户旅程。

客户旅程包含 5 个要素：销售全流程、客户认知全流程、内容、渠道、行动。其中销售全流程和客户认知全流程中产品的价值通过内容展示，内容通过营销渠道传递给潜在客户，潜在客户体验内容产生了新的感受并被激励产生新的行动，最终这个行动推动潜在客户进入下一个认知阶段，对应进入销售流程的下一个阶段。这里所说的内容是广义的内容，可以是一篇推文、一次线上会议、一次线下沙龙、一场行业展会等。

为了便于读者容易理解，下面提供一个标准的填空题来描述客户旅程。

在销售流程的＿＿＿＿阶段，对应客户认知流程的＿＿＿＿阶段，当下＿＿＿＿营销内容通过＿＿＿＿渠道达到（某细分）潜在客户，潜在客户有了新的____认识和____感觉变化，因而产生新的____行为，推进销售流程进入下一个阶段。

图 5-1 客户旅程

接下来分别介绍客户旅程的 5 个要素。

5.2.1 销售全流程

销售全流程是对营销工作的解构，根据销售漏斗的思维将销售流程梳理成阶段性的工作。本节先介绍销售全流程的管理思想，再分享 SaaS 行业不同企业演变出来的几种流程。

1. 销售全流程的管理思想

销售全流程管理随着企业精细化管理的发展而产生，目的是要实现营销端的精益管理。2B 领域传统的销售方式单一，整个销售过程由销售团队跟进，营销管理就是销售管理。过去 20 年，随着数字化的发展，营销方式变得更丰富，市场部门除了传统的品牌职能，逐渐承担起获客和孵化的职能，真正实现了点对面的营销和销售转化。本土企业从粗放增长逐渐进入精细化发展的阶段，陆续开始优化营销流程。对于企业来讲，营销效率的提升意味着不同职能专注不同销售阶段，发挥每个职能的最大价值，带来效率提升的同时产生新增长。

市场团队和销售团队的本质区别是，市场团队点对面营销，销售团队一对一营销。潜在客户从听说产品到采购该产品还有很长的过程，而销售的时间和精力应该投入到推动商务谈判、签约、收款的环节，这样更符合销售的角色和定位。我们要将销售流程进行更合理的拆分，待潜在客户进入成熟状态再由销售跟进，之前的孵化、获客工作交给市场部完成。

无论是孵化还是获客，用一对一的方式开展无疑是效率低下的，需要转变为点对面、一对多的营销方式，这更符合市场部的职能。传统企业只把市场部定义成品牌和公关，邀请媒体、写文章、办活动，这是初级的市场职能。当代的市场部是进入企业的核心业务流跟销售团队一起推动增长的重要部门，市场部不仅要管理品牌，更要为了实现增长去获客、孵化，与销售团队密切配合。也可以说，市场和销售是一个团队，被称为营销团队，市场负责"营"，销售负责"销"。销售全流程（销售漏斗）已经被很多公司验证是先进的业务方法，销售全流程的管理在企业端越来越普及。销售流程基于潜在用户的转化流程，通过更好的协同市场、销售等内部资源，不断实现营销运营的降本增效。

2. 标准的销售全流程

一个标准的销售全流程如图 5-2 所示。销售全流程管理，也被称作销售漏斗管理。

- ❑ 线索（Raw lead，RL）是潜在客户的基础信息和联系方式。
- ❑ 市场合格线索（Marketing Qualified Lead，MQL）一般定义为有明确需求的潜在客户。业界通用的线索评定标准是 BANT，即预算（Budget）、决策人（Authority）、需求

（Need）、采购时间（Time line）。一般满足其中的1个或者2个条件就算市场合格线索。每家企业会根据实际情况做内部约定。
- 销售合格线索（Sales Qualified Lead，SQL）一般定义为即将采购、需要销售跟进签约的潜在客户。SQL的标准一般至少要满足BANT中的3个条件，比如有明确的采购时间、预算、决策人的线索就是SQL。当然，市场和销售团队也可以协商SQL的标准。
- 合同收入（Revenue, Rev）即跟客户签订合同并付款。
- 客户留存（Retention）是指通过服务客户实现客户成功和客户持续续费。

图5-2 标准的销售全流程图

站在客户的角度看，销售全流程是客户对一个产品了解、体验、对比、采购、用得好的过程。

站在SaaS企业的角度看，销售全流程就是获得客户、教育客户、赢得客户信任，直到签约交付，让客户满意并持续续费的过程。

销售全流程的重点是精细化运营，提高各个职能的效率和专业度，形成全销售流程闭环。销售全流程的运营负责人往往是公司的CXO，负责将相关工作部署到各个团队。如图5-3所示，RL到SQL阶段由市场团队负责，SQL到Rev阶段由销售团队负责，Rev到Retention阶段由客户成功团队负责。

销售全流程管理需要一个统一联合的组织力，不要协作割裂，要打破信息孤岛。实现增长需要有一个整体销售流程的负责人，该负责人要制定增长的目标，将目标分解到流程的各个节点，制定阶段优化目标，协调内部资源，带领团队实现增长。

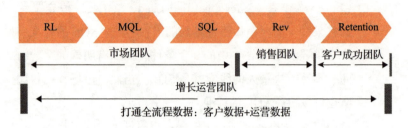

图 5-3　销售全流程的分工

销售全流程中 RL 到 SQL 阶段由市场团队负责，市场团队的主要职能是获客和孵化，需要的技能包括内容营销、活动营销、直播营销、广告投放、搜索引擎优化等。市场团队要善于分析数据和进行营销测试，企业的数据分析师可以按照每个部门的需求，定期出分析报告和看板。

销售全流程中 SQL 到 Rev 阶段由销售团队负责。销售团队是企业中经常被忽视的团队。我们知道，只要求销售提高各个数据指标是没有意义的。需要有负责人解读数据，了解数据背后销售哪件事做对了，哪件事做错了；了解销售的能力差别在哪里，不同销售工具的使用效果如何。销售团队负责人需要把数据转换成更好的决策，包括有针对性地梳理出更优的销售套路，提高全员销售能力；发现每个销售人员的不足，进行有针对性地辅导；培训团队使用销售工具，将不好的销售工具反馈给市场部进行优化。

销售全流程中 Rev 到 Retention 阶段由客户成功团队负责。全流程数据要在组织内打通，包括客户数据和运营数据。举个例子，市场团队想把一个 MQL 孵化成 SQL，这个阶段主要是让客户体验到产品的价值，往往要通过在线 Demo 完成。市场团队经常存在的疑问是到底潜在客户体验产品哪个功能可以又快又强烈地感受到产品价值？这时候市场团队需要来自客户成功团队的运营数据，包括老客户最喜欢用的功能是什么？老客户的使用行为数据是什么？老客户高频使用的功能就是应该最先展示给潜在客户的功能，老客户的数据可以给市场团队真实的洞见，让他们设计出更好的孵化方案。

3. 销售全流程的几种常用变体

在实践中，企业往往会根据自己的业务特性对销售全流程做一些调整，接下来介绍几个 SaaS 企业常用的销售全流程和销售漏斗。

LTC（Lead To Cash，线索到现金）包括线索管理、机会管理、合同管理 3 个核心步骤，如图 5-4 所示。

图 5-4　LTC 销售全流程

TOFU-MOFU-BOFU 漏斗模型是集客式营销常用的销售流程，如图 5-5 所示。TOFU（Top Of FUnnel，漏斗顶部）阶段的主要工作是获客，即获取线索；MOFU（Middle Of FUnnel，漏斗中部）阶段的主要工作是孵化，即把线索孵化成商机；BOFU（Bottom Of FUnnel，漏斗底部）阶段的主要工作是转化，即把商机转化成订单。

神策数据的销售漏斗是在集客式漏斗理念上的拓展，是本土 SaaS 企业执行集客式营销的典型漏斗模型，如图 5-6 所示。

可以看出，万变不离其宗，销售全流程和销售漏斗都是把营销工作连接成一个统一的流程进行管理，同时解构销售流程，让适合的职能团队更高效地完成阶段性工作，实现销售全流程的效率迭代和优化。

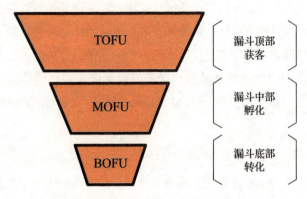

图 5-5　TOFU-MOFU-BOFU 漏斗模型

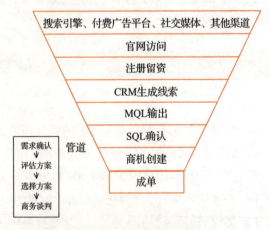

图 5-6　神策数据采纳的集客式销售漏斗

5.2.2　客户认知全流程

客户采购的流程就是客户的认知流程,无论 2B 还是 2C,认知流程是相似的。只不过 2C 是个体的认知流程,而 2B 是组织性人格的认知流程。无论个人和组织，都要经过 5A 的认知流程。

5A 是营销界通用的一个概念，在 4.2.2 节已做简要介绍。SaaS 企业的潜在 B 端用户会因为一个业务问题寻找某个工具而知道某个 SaaS 产品，之后通过相关文章了解该产品并产生兴趣，进一步跟 SaaS 企业的营销人员咨询案例和体验产品，之后是执行竞品对比和采购。如果产品为客户带来价值，客户会成为拥护者，除了续费还会转介绍其他潜在客户。

5.2.3 内容

内容是价值传递的载体。在制定内容的时候，要考虑 3 个关键问题。

- 这个内容是为潜在客户哪个认知阶段服务的？
- 这个内容要推动潜在客户的后续行为是什么？
- 这个内容通过什么渠道投放？

以上问题决定了内容的要点和形式。举个例子，如果潜在客户当下处于 Aware 阶段，也就是该潜在客户刚刚知道你的产品，那么这时候营销人员需要制作什么内容向潜在客户传递价值呢？这个阶段的潜在客户有两种，第一种是知道自己的需求，正在主动寻求解决方案，这类客户的核心行为是搜索或者询问同行；第二种是不知道自己有需求，需要 SaaS 企业帮他们了解自己的痛点和需求，引导其寻求解决方案。

基于潜在客户的两种状态，SaaS 企业需要投放搜索引擎广告来吸引主动搜索的客户，通过文章、客户案例、线上线下会议让那些不知道自己有痛点和需求的潜在客户通过类似案例产生共鸣，发现自己需要一个解决方案。这些内容要推动潜在客户进一步深度研究该工具如何解决自己的问题。搜索广告通过搜索渠道投放，文章可以通过公众号和垂直媒体投放，案例可以做成小视频，通过 KOL 或者全员营销的渠道传播，案例也可以通过线上会议的形式传播。

不能为了做内容而做内容，内容是传递价值的，目的一定是推动潜在客户认知流程进入下一个阶段，同时推动销售流程进入下一个阶段。

5.2.4 渠道

内容要通过合适的渠道传播，渠道有渠道的属性，不同渠道对内容的形式有明确的限定，这点是在执行时需要特别注意的。

如果要在短视频渠道投放，那么一般投放内容在 60～90 秒比较好；如果是案例和专家授课，最好做成 15 分钟的短课；如果通过公众号渠道投放文章，那么长文章的转化效果比短文章好，而且要注意图文并茂，图片比例超过 30% 的文章要比纯文字的效果好。

我们可以以渠道高流量内容为标准，更重要的是营销团队要做出快速验证，考量不同内容在渠道内的投放效果。现在测试技术成熟，企业可以每天测试不同的内容，主要看单位时间内的流量是否充足，流量足够多才能保证验证的有效性。

总之一句话，内容和渠道要匹配。

5.2.5 行动

在营销的过程中，内容被潜在客户看到后，应该激起什么后续行为？这就是我们平日所说的内容要具备 CTA（Call To Action，唤起行动）功能。

比如一个潜在客户认知在 Appeal 阶段，对应销售流程在 MQL 阶段，企业通过自动化营销系统向该潜在客户推荐了一份白皮书，该潜在客户看完后觉得这个 SaaS 产品可以解决自己的业务问题。接下来该潜在客户的行为是什么？他可能需要体验一下产品，或者需要了解价格，或者想知道与竞品对比的情况，目的是确认目前这个产品是不是他的最优选择。那么该白皮书中就应该设有按钮、链接或者二维码解答以上问题，潜在客户的下一步行动就可以无摩擦立刻发生。比如，点击文章中的链接查看一份第三方机构出具的竞品分析报告，或者在白皮书文末扫描二维码申请产品演示。一般 SaaS 企业定义申请产品演示的潜在客户就是 SQL，这意味着该潜在客户的认知进入 ASK 阶段，销售流程推进到 SQL 阶段，可见有 CTA 功能的白皮书价值很大。

5.3 绘制客户旅程的步骤

学习一个先进的方法，更重要的是立刻将该方法运用到工作中并产生好结果。YQ 智能公司为制造企业提供了管理和优化生产的解决方案，产品形态是 SaaS 工具。本节一起和 YQ 的市场总监美美来绘制客户旅程。

5.3.1 锁定目标市场

绘制客户旅程首先要锁定目标市场。数字时代的客户旅程是互动型的，潜在客户要么是被吸引主动找上门，要么是 SaaS 企业主动去找客户。这两种关系的公式如下。

客户主动找上门 = 内容（价值）+ 场景（实际业务场景）

企业找到客户 = 你有个问题 + 我有个方案（我们共赢）

由此可见，客户旅程要回到客户的实际业务场景，以客户为中心，聚焦细分市场，这样才更有指导实际工作的意义。

YQ 的垂直目标细分市场较多，涵盖工业制造的多个领域，其中利基市场是汽车制造,美美和团队聚焦汽车制造业来绘制客户旅程。

5.3.2 调研

YQ已经有几个头部汽车制造客户,对客户的购买流程、决策流程都有清晰的认识。客户认知流程每个阶段的心理和行为,以及客户和YQ在各个阶段交互的接触点,需要通过调研进一步确认。

调研主要采用面对面和在线两种形式展开,计划调研10家老客户和潜在客户,被访人涵盖决策链上的负责人、厂长、采购经理、IT负责人等多个角色,预计访谈30~40人。受访潜在客户信息来自营销系统,营销团队通过获客已经积累了近1000个RL、超过200个MQL和20个SQL。

此次调研的执行团队一共3人,美美和另外两位同事,一位负责内容,另一位是SDR(Sales Development Representative,销售开发代表)。调研计划集中在1周内完成,每个人分配10~15个访谈对象,平均每天访谈2~3人。调研小组在每天下班前要进行30分钟的复盘,分享当天访谈的收获和遇到的问题,共同商讨改进方案。

美美是调研项目的负责人,她首先制定了一份调研问卷,以保证团队执行不偏离目标。

调研问卷样板如下。

目标:了解潜在客户在跟YQ产品交互的过程中,每个认知阶段接触到的有效内容和渠道。

Aware阶段

营销系统可以看到潜在客户是通过搜索访问官网留资还是通过内容留资的,对其提出以下针对性问题。

问题1,通过搜索留资的潜在客户,您需要解决的业务问题是什么？当初搜索的关键词是什么？

问题2，通过内容留资的潜在客户，您当时看了内容，是什么打动您，让您进一步联系我们了解产品？您还需要什么信息？

Appeal 阶段

问题3，让您印象深刻的是哪个活动或者哪篇文章？是什么让您对我们的产品感兴趣？（最好问到具体感兴趣的点。）

Ask 阶段

问题4，您在选择供应商的时候，最关心哪几个方面？

问题5，我们提供的内容、活动、演示，您觉得哪个对您有帮助？为什么？

Act 阶段

问题6，采购过程中有没有什么地方我们做得还不足？

问题7，是什么让您决定采购我们的产品？

Advocate 阶段

问题8，我们的产品帮助您解决问题了吗？具体有哪些成果？您和您的团队怎么评估我们的产品？

问题9，您最喜欢产品的哪个功能或者哪个价值点？

问题10，如果您给同行推荐，您会怎么说？一般在什么场合您会给同行介绍用得还不错的工具？

美美和团队以调研问卷为基础，每个人跟客户沟通时都会随机应变。每天大家下班前聚在一起，把一些确定的内容绘制到客户旅程中，团队也会分享并优化问卷话术和沟通策略。

团队要形成行动、复盘、优化、再行动的模式，最好的答案都来自实践。在实际操作中，美美发现，如果开场第一句先说"您最近过得还好吗…"而非"您好，我是 YQ 的某某"，跟客户的平均沟通时间能延长5分钟，客户更愿意跟以他为中心的倾听者聊自己的真实想法。

调研执行完毕后，团队对信息进行归类和整理，之后就可以安排一天来绘制客户旅程了。

5.3.3 绘制客户旅程

绘制客户旅程要在团队共创的会议上完成，除了调研团队的2位同事，美美还特别邀请了销售、客服和数据分析的同事一起参与。这样能够综合不同部门的不同视角，保证调研不会陷入定式思维而绘制一幅主观臆断的客户旅程。

共创型的工作方式就是在会议室的白板上画出客户旅程的框架，同事们根据自己的发现填写客户旅程，也可以使用即时贴。此时客户旅程被各种信息填满，接下来要根据营销系统中的历史数据和与会成员的投票，对客户旅程里面的信息做减法。一般每个阶段价值传递的核心内容为3~5种，如果信息太多很难做减法，说明没有识别出有效内容，需要后续测试。

美美团队的工作成果如图5-7所示。针对客户认知流程的5个阶段，开始分析每个阶段的潜客需求、潜客角色、内容、渠道、潜客感受和行动。底端是销售流程，同样包括从RL到Retention一共5个阶段。

下面详细介绍Aware阶段和Ask阶段。

1. Aware阶段

此时潜在客户的需求主要有两类，一类客户由于需要提高生产效率，因此主动寻找工具；另一类客户是企业的生产管理者，目前还没有意识到自己需要采购某个工具提高生产效率，而这是行业大趋势，美美团队需要让这类潜在客户意识到他们也有提高生产效率的需求。

图 5-7 YQ公司客户旅程

认知全流程

阶段	Aware	Appeal	Ask	Act	Advocate
潜客需要	潜客需要生产提效，找工具 / 让客户知道汽车行业生产都在提效，他们也有这个需求	进一步了解我的问题可以被解决 / 让潜客看到类似案例产生共鸣	我要体验和验证一下该产品 / 体检，让客户提前得到价值	我这是聪明的采购决策吗 / YQ就是最佳选择	我成功了吗 / 必须让客户成功，一起成长，厂长
潜客角色	一般是生产一线的业务人或者厂长	生产一线的潜客	生产一线的潜客、采购人员、成功客户、IT人员	生产一线的潜客、采购人员、媒体报道、获奖信息	生产一线的负责人、公关
内容	专家长文图文 / SEM / 成功客户 / 短视频、应用场景 / 官网 / 公众号 社群 KOL	在线会议 / 白皮书 / 案例 / 公众号 / 展会 / 公众号	客户案例 / 成功客户沙龙 / KOL视频 / 技术文档 / 官网 / 公众号	第三方报告 / 1V6服务 / 媒体 / KOL / 官网 / 公众号	发布会 / 学习、证书 / 数据报告 / 成功案例输出 / 标杆企业 / 大会分享 / 快消商品广告和电子直邮 / 多渠道 / 媒体
渠道	汽车行业媒体 / 公众号 / 官网 / 公众号 KOL	公众号 / 全员营销媒体 / 行业会议 官网 / 展会 官网	官网 / 公众号 / 线上活动 / 线下活动 汽车媒体	媒体 / KOL / 官网 / 公众号	
潜客感受和行动	我要进一步了解 / 关注参与一下、留资	这个产品可以，我让相关同事也了解一下 / 针对不同角色的图文和视频	产品负责人：确实能解决我们的问题 / 采购人员：性价比可以 / IT人员：技术可行	就选这个产品了 / 其他决策人：没有阻碍，没有风险	不错，愿意推荐

销售全流程

RL	MQL	SQL	Rev	Retention

这个阶段 SaaS 产品的潜在客户大多是生产线负责人或者厂长，他们是企业中负责效率指标的决策者。

经过调研了解到，主动寻找 SaaS 产品的潜在客户主要通过搜索和询问同行来寻找，所以美美团队计划在 3 个本土主流的搜索引擎上投放关键词和广告，SEM（Search Engine Marketing，搜索引擎营销）落地到官网进行留咨和互动。通过调研了解到，目前还不知道自己需要工具的潜在客户平时也会关注行业新动态、新技术，了解业内大型企业和专家的观点。美美团队计划邀请专家写文章，并投放在汽车行业专业媒体上，将头部汽车制造客户的成功案例放在官网明显位置和公众号上。同时结合应用场景做一些短视频，目的是快速让潜在客户意识到自己的生产线也需要这样的提效。美美团队做了 30 秒的系列视频，突出场景和降本增效的实际成果，投放在官网、公众号和 KOL 的个人网站上进行获客和留资。

美美团队要通过内容让客户留资并产生进一步了解的兴趣，这个阶段衡量内容营销效果的是每个内容带来多少实际留资。留资的潜在客户在营销系统内被定义为 RL，Aware 阶段衡量内容和渠道质量的核心指标就是 RL 数量。

Aware 阶段的客户旅程构建完成，可以据此开展营销，并且每个营销行为有衡量标准，主要看产出 RL 的数量和投入的成本。

2. Ask 阶段

这个阶段潜在客户的需求是体验和验证 YQ 的 SaaS 产品。一般这个阶段潜在客户决策链上的生产线负责人、采购人员和 IT 人员都会参与进来。这个阶段美美团队要让 3 个不同角色的潜在客户都能提前感受或者得到产品的价值。这需要围绕 3 个角色的关注点进行价值传递，生产线负责人需要明确他的问题可以解决，采购人员需要知道价格，IT 人员需要了解 SaaS 产品实施方法和关键技术。

通过调研，美美团队计划集中做 5 种内容，客户案例、技术文档、成功客户沙龙、Demo 和应用视频。客户案例和技术文档要放在官网和公众号上，并且通过营销系统推送给潜在客户（此时为 MQL），邀请 MQL 参加成功客户分享活动，将专业的 Q&A 文档通过邮件或者企业微信发送给 MQL。

这个阶段的营销内容如果有效，生产线负责人将确定 YQ 的 SaaS 产品可以解决他的问题，采购人员认为性价比合理，IT 人员认为技术可行且没有风险。如果潜在客户申请演示或者主动询价，那么这条 MQL 就成为 SQL，可以派发给销售立刻跟进，进行商务谈判，争取签署协议。签约后由客户成功团队交付和实施，销售收款。

在 Ask 阶段，内容和渠道的有效性可以用 SQL 的数量来衡量。第三阶段的客户旅程构建完成，可以据此开展营销行动并且按照衡量标准进行评估。

5.3.4 测试和迭代

客户旅程绘制完成，接下来就要按照客户旅程执行营销工作，制作相关内容并投放，追踪和分析数据。没有完美的客户旅程，只有不断迭代的客户旅程。

因为每个阶段的营销效果都有衡量指标，所以可以进行测试和优化。优化的方向，首先考虑内容是否可以调整，然后是渠道，最后是策略。

表 5-1 是两个内容的评估数据，我们一起分析营销团队能从中获取的信息。

表 5-1　图文 1 和图文 2 的内容评估数据

内容	渠道	访问量	平均阅读时长/秒	RL	RL/访问量/名	获客成本/(元/RL)
图文 1	渠道 A	1988	5	12	0.6%	833
	渠道 B	800	30	20	2.5%	50
	渠道 C	600	90	59	9.8%	85
图文 2	渠道 A	6000	15	52	0.9%	192
	渠道 B	1900	42	67	3.5%	15
	渠道 C	1200	180	135	11.3%	37

1. 更优内容

图文 1 和图文 2 均投放于 3 个渠道，可以看到，同渠道下图文 2 的效果比图文 1 好。经过分析，发现图文 2 是长文章，对价值点的描述更详细。图文 1 是短文章，大部分读者看个标题，匆匆浏览一下就离开了。发布 1 篇长文章的效果要好于发布 3 篇短文章。

2. 更匹配的渠道

从图文 2 在 A、B、C 三个渠道投放的数据来看，渠道 C 的匹配度最高，不仅潜在客户的平均阅读时间长，更重要的是产出 RL 数量最多，为 135 个。

从这个数据我们可以看出，如果营销团队只评估一个内容的阅读量，往往会误判。图文 2 在渠道 A 投放的访问量最大为 6000，获客成本高达 192 元。

实际上，A 渠道是某媒体，B 渠道是企业官网，C 渠道是专业社群。企业官网的投放成本低，可以作为长期获客的渠道，社群的潜在用户数量大，也是值得投放的渠道。

3. 有目标的测试

有了以上发现，营销团队要尽快针对新发现去启动新营销内容的测试。美美团队展开对 RL 的跟进和回访，了解潜在客户对图文 2 的反馈。团队商量后创作了图文 3，此次只在渠道 B 和渠道 C 投放，结果如表 5-2 所示。

表 5-2　图文 2 和图文 3 的内容评估数据

内　容	渠　道	访问量	平均阅读时长/秒	RL	RL/访问量/名	获客成本/（元/RL）
图文 2	渠道 B	1900	42	67	3.5%	15
	渠道 C	1200	180	135	11.3%	37
图文 3	渠道 B	2000	60	91	4.6%	11
	渠道 C	1510	180	179	11.9%	28

从数据可以看到，美美团队此次营销测试的效果很好，图文 3 在渠道 C 获得的 RL 从 135 增长到 179，提升了 33%，对应获客成本从 37 元降低到 28 元，下降了 24%。在渠道 B 的内容评估数据也明显得到了优化。

图文 2 的标题是"如何实现汽车生产某某环节降本 15%"，图文 3 的标题是"某 KOL 指出 2022 年汽车行业降本必须做的 6 件事"。的确 KOL 和带有总结性数字的标题能带来更好的传播效果，对应的内容也是读者更愿意打开并且花时间阅读的。

这只是一个简单的例子，实际工作中营销团队可以针对内容和投放做各种测试和优化，有的时候甚至还会调整策略，也就是修订之前客户旅程的关键内容。

5.4　本章小结

客户旅程是以客户为中心进行营销和实现增长的起点。真正以客户为中心，应当在任何行动的规划阶段就回到客户之中找答案。客户旅程不是营销团队画出的一张漂亮地图，而是指导整个团队日常运营的基础地图和关键指南。

绘制客户旅程的思想和方法在本节都做了系统的介绍，客户成功团队和产品团队也可以绘制自己的客户旅程，所有以客户为中心的职能团队都可以绘制客户旅程来指导日常工作。

相信读者已经掌握了绘制客户旅程的方法，建议读者邀请团队共读本章内容，然后立刻启动绘制属于自己业务的客户旅程。那是一张真正连接客户与企业，真正帮助 SaaS 企业把以客户为中心从"想到"落实到"做到"的利器。

| 第 6 章 |

增长必备基本功：获得客户洞见

获得客户洞见是业内公认的重要能力，更是以客户为中心的 SaaS 企业获得成功的关键。客户洞见就是了解客户心智。不同组织的不同层级，洞见不尽相同，如何获得客户洞见？

2021 年年底的一份 SaaS 客户调研报告显示，被问到"SaaS 企业是否真正了解您的痛点和需求"时，71% 的受访者表示："他们只理解部分需求，并且不太懂我的行业。"可见，SaaS 企业获得客户洞见的基本功普遍需要加强。

2B 领域始终是专业且复杂的，需要科学的方法才能获得客户洞见。本章从实战角度介绍 4 个获得客户洞见的方法——VOC、沉浸式调研、长老会、社区。

6.1 VOC

VOC（Voice Of Customer，客户声音）是 2B 领域常用的获得客户洞见的方法，核心思想就是通过标准的流程，设计并执行调研以获得洞见。可以把 VOC 看作被流程化的调研方法论。VOC 适用于定性和定量的调研，调研结果与调研目标统一，能立刻运用于实际业务并产生成果。

6.1.1 VOC 的标准化流程

VOC 通过收集、分析、解读、领悟客户表达和未表达的想法，获得客户洞见。VOC 包括 3 个阶段。

第一个阶段，确定调研的范围和目标，进行调研设计，这个阶段有 4 个步骤。

1）明确和评估战略问题。

2）制定相关假设。

3）选择调研执行方法。

4）确定调研样本。

第二个阶段，开始调研，包括定性调研和定量调研。定性调研有 4 个步骤。

1）招募受访者。

2）执行调研与观察。

3）使用追问技巧，获取深层驱动力。

4）调整假设，重置问题，达到目标。

定量调研也有 4 个步骤。

1）测试并执行调研。

2）收集数据。

3）清理数据。

4）数据制表。

第三个阶段，产生洞察，这个阶段有 3 个步骤。

1）识别观点和行为。

2）确认组群差异。

3）合成调研报告、形成行动计划。

6.1.2　VOC 第一阶段详解

VOC 的第一个阶段是确定调研的范围和目标，也可以理解为设定调研边界。调研一定要有明确的业务边界，基于某个业务问题或者挑战，寻找相关的解决方案。现实中，经常有执行客户调研的同事本来要做一对一访谈，通过电话进行调研，结果一下子就跳到了第三步，即选择调研执行方法；这是不对的。我们要严格按照 VOC 的标准化流程去执行，先僵化，再优化，等熟练后，再根据实际情况调整和创新 VOC 的方法论。

1. 明确和评估战略问题

这个阶段一定要清楚两点，一是当下业务的问题或者挑战是什么，二是要采取的策略性目标是什么。举个例子，当下的业务问题有可能是营收下降、客户投诉增多、转化率下降、竞争对手变多、营销成本增加、市场萎缩等，策略性目标可能是是否做新产品、是否要开拓新的细分市场、是否要向上销售或者交叉销售、是否要调整价格策略等。

执行每个 VOC 步骤前，都要紧密结合业务，明确是为了解决某个具体的业务问题而进行 VOC。这点对工作经验少于 5 年的营销从业者尤为重要。下面分享一个故事。工作刚 3 年的产品市场专员小伟负责一款成熟工业产品的营销，9 月份销售额明显下降，他很着急，希望尽快解决，打算立刻去拜访客户做调研。

CMO问他:"你预判是哪方面的问题?"

小伟说:"估计这款产品上市久了,竞品多了,竞争优势下降。"

CMO问:"如果你的推断是真的,你要怎么解决?"

小伟说:"让产品升级或者做新品。"

CMO又问:"产品升级需要多久?"

小伟说:"最少6个月。"

CMO问:"那么这能解决近期销售额下滑的业务问题吗?"

小伟他想了想说:"不能。"

CMO带着小伟一起看了同类产品的生命周期,这类产品一般生命周期是5~8年,这个产品卖了3年多,其实距离衰退期还有距离,即便因为竞争因素提早进入衰退期,产品升级也是一个中长周期的问题,短期更应该关注在交易环节出现的问题,也就是渠道和促销方面是否存在问题。

后来小伟重新聚焦解决短期产品销售量下滑的问题,针对渠道和促销情况做了调研,发现原来是最近有一批水货影响了出货量,于是他在10月做了针对打击水货的限时促销,并切断水货源头。11月该产品的销售额就回升了。

这个故事说明了业务问题往往是复杂的,做调研一定要回归明确且具体的业务问题,基于问题界定调研的方向,调研的结果也要能解决这个业务问题。调研可以解决短期问题或长期问题,只要负责人在调研的设计和执行上保持方向一致就可以。但这正是看起来容易,想做到却很难的事情。

读者可以试着总结现在面临的业务问题和对应的战略性目标,不妨填写一下表6-1。

表 6-1 VOC 调研的范围和目标

业务性问题	具体聚焦的业务问题
策略性目标	该业务问题对应的策略性目标,也就是公司调配资源后需要调整的核心战略指标,比如价格、产品功能等

现在明确了业务问题和战略性目标,接下来就要把调研目标分解到具体的调研问题上。一般定性调研建议时长 30~60 分钟,问题控制在 10~30 个。那么该问哪些问题?哪些是核心问题?首先要根据战略性目标梳理出核心问题,就是通过此次调研必须找到答案的关键问题,再依据这些核心问题拓展二级问题,最后补充一些其他人口统计学的基础问题,就构成了一份完整的调研问卷。

设计调研问卷要从目标设定开始,根据目标再拓展调研问题。只有这样,通过调研才能更深层次地了解到问题背后的根本原因,得到的洞察才能用于解决业务问题并实现战略性目标。

表 6-2 是一个标准的 VOC 调研问题梳理模板,可以体现出对业务的理解和调研思路的整理。

表 6-2 VOC 调研问题梳理模板

业务性问题	具体聚焦的业务问题
策略性目标	该业务问题对应的策略性目标,也就是公司调配资源后需要调整的核心战略指标,比如价格、产品功能等
核心问题	能解决该业务性问题的核心问题
二级问题	为了找到深层次的原因,也就是根本原因,需要将核心问题拆解成多个二级问题,从不同角度和深度了解事实情况
潜在行动	判断该问题是否合理,是否有可执行的改善行为

举个例子,YQ 公司的 S 产品为了提高结单率是否应该降价?如表 6-3 所示,当业务要提高线索转化率时,经常收到销售团队的反馈,提议降价或者提供折扣来提高转化率。降价是最简单的提高

转化率的方式，但往往不是解决本质问题的办法，只能起到短期效用。

表 6-3 YQ 公司示例

业务性问题	在第二季度提高 SQL 到 Rev 的转化率，是否要降价
策略性目标	了解提高转化率的因素，决定是否执行降价策略
核心问题	影响转化率的因素有哪些，哪些是关键因素，关键因素里面有价格因素吗
二级问题	影响转化率的因素的二级问题（择一举例） ❏ 客户采购决策的核心考量指标有哪些 ❏ 我们的产品在客户心智中的评分如何 ❏ 竞品在客户心智中的评分如何
潜在行动	根据关键指标优化价值传递，提供支持性内容作为销售工具

这个示例的业务性问题是提高转化率是否需要降价，对应的策略性目标是降价是否能提高转化率。那么核心问题就是在客户心智中影响转化率的有哪些因素，哪些是关键因素，价格是否是关键因素。为了清楚地了解核心问题，需要将核心问题进一步拆解成二级问题，通过二级问题得到对应的答案，之后就能得到核心问题的答案。

影响转化率的二级问题有：客户采购做决策时的核心考量指标是什么？根据这些指标，客户给我方产品的评分是多少？给竞品的评分是多少？如果这 3 个二级问题有明确的答案，我们就能清楚知道客户在选择产品时考虑了哪些因素，以及这些因素的优先级，还有我方产品和竞品在客户心目中的真实差距。这样我们就清楚如何提升转化率，同时明确是否要降价。大多数情况下价格往往不是影响转化率的首要因素。

2. 制定相关假设

科学和高效的调研方法是先提出假设，再通过调研证伪，判断假设成立与否。这是科学研究的基础方法论，在调研领域经过麦肯锡、IBM这些知名公司的验证，根据假设做调研要比穷举可能性做调研的准确性和效率高出数倍。

科学调研是通过标准的流程来评估假设，研究者选定某个因素作为研究的变量（其他因素设为常量），通过调研或者实验测量用户对该变量产生的行为和态度的变化，进而验证基于该变量的假设是否成立。

根据具体的问题提出假设，也就是根据上一步制定的核心问题以及二级问题做出假设。

举个例子，上一步得出了影响转化率的3个二级问题，那么可以假设，客户并未理解产品的价值，或者有价值盲点，调研负责人要把公司产品的核心价值标注出来，在调研的过程检验客户是否会谈及产品核心价值，然后请客户根据这些核心价值对比竞品的表现进行打分。

做假设的时候我们要参考3个维度——使用者在场景下的体验、客户在购买过程中的体验、客户组织与SaaS品牌之间的交互体验。因为2B的决策链角色多，使用者、采购者和决策者涉及多人，所以调研要覆盖不同角色，假设也要基于不同的角色提出。

3. 选择调研执行方法

常用的调研的具体执行方法有一对一面访、一对多面访、电话访谈、视频会议访谈、焦点小组等，可以根据调研目的和核心问题来确定选择哪种调研方式。

以了解2个不同图文内容的转化率差异为目的的调研相对简单，主要是了解潜客对两个内容的真实看法和衡量标准，一般选择电话访谈就可以。内容的迭代需要效率，调研就要快速完成，电话访谈是效率最高的。

如果调研目的是改进客户操作体验，那么最好是面对面的访谈，除了可以听到客户表达出来的观点，也可以通过客户的肢体语言和微表情，捕捉他们的心理变化，继续追问一些客户还没说出来的原因和感受，同时也可以现场演示，观察客户的操作行为，有针对性地提出问题，结合使用场景了解实际情况。

如果调研目的是优化品牌，了解品牌在用户心智中的形象，那么最好使用焦点小组的方式。焦点小组在 2C 领域用得比较多，因为 2B 领域一般客户和供应商的关系都比较好，所以指出不满和负面观点的时候会有所保留，而焦点小组就可以解决这个问题。

焦点小组一般由第三方机构组织和执行，受访者会聚焦在一间会议室，其中有一面玻璃墙，室内看起来是不透明的。在另一个房间，可以透过玻璃静默参与调研全程，听到全部对话和观察用户行为。因为焦点小组由专业的调研团队执行，所以往往能获得准确和深入的洞见。当然焦点小组的成本比较高，一般只有在重大战略性问题调研时才会使用。

如果市场团队经验丰富，也可以自己组织面对面的焦点小组，每次邀请 6~8 位受访者，针对某个议题深度探讨 2 小时左右。

随着线上沟通的普及，现在也可以执行线上研讨会，提高调研效率的同时，成本也降低了。针对敏捷营销的日常问题，建议大家采用高效的方式，如果是了解客户使用习惯和客户心智深层面的问题，建议采用面对面调研的方式，因为除了听得见的语言，还有微表情、动作、集体行为等，需要刻意观察才能捕捉到。

4. 确定调研样本

选择调研样本需要考虑几个关键因素：受访者是否包含组织内不同职级角色，受访者是否来自不同的细分市场，受访者是否来自不同地理区域，受访者是否满足人口统计学的要求等。受访者尽量避免同质化，因为同质化会产生群体偏差，影响调研结果的客观性。

举个例子，调研目的如果是了解客户对一款招聘 SaaS 产品价值的评价标准，那么受访人群的 60%~80% 应该是招聘经理和招聘总监，也就是平时使用该 SaaS 产品的人。除此之外，业务部门负责人、公司 CEO 以及负责采购的财务人员和 IT 人员都是访谈对象。这 60%~80% 的招聘经理和招聘总监，在邀请时需要注意包含男性、女性，覆盖 20~50 岁年龄段，并且来自不同地域和不同的细分行业等。

调研样本检查列表如下。

- 是否包含不同性别、不同年龄段。
- 是否包含不同地理区域的客户。
- 是否包含不同细分市场的客户。
- 是否包含不同决策链角色。
- 是否包含现有客户、流失客户、潜在客户、竞品客户。

6.1.3 VOC 第二阶段详解

调研分为定性调研和定量调研，这两类调研的设计阶段基本一致，执行阶段有所不同。定性调研的受访者相对少，一般几十位，定量调研则是对大量客户的调研，一般至少有几百份问卷或者电访才有统计意义。现实工作中，2B 领域以定性调研为主。本节详细讲解定性调研的执行，简单介绍定量调研。

1. 招募受访者

招募受访者阶段重要的工作是要明确受访者画像，对受访者先进行甄选再执行调研。甄选往往是容易被忽略的环节。选择对的受访者是至关重要的，影响到有效问卷的比例。有的调研在分析结果时才发现，有效问卷不足30%，主要原因就是缺少甄选环节。甄选环节要设计三四个问题，快速甄别对方是否符合本次受访者画像，如果符合才正式发出调研邀请。甄选模板如表6-4所示，供读者参考。

表6-4 甄选模板

调研执行—甄选受访者并邀约	
调研业务问题	
调研战略性目标	
核心问题	
受访者甄别	受访者画像：
	验证问题1：
	验证问题2：
	验证问题3：
邀约话术	
确定访谈时间、地点	
邀约执行人	

2. 执行调研与观察

如果是一对一线上或者电话调研，往往由一位主调人员独立执行即可；如果是面对面调研，无论受访者是一位或多位，都建议调研者至少安排2个角色，一位是主调人员，另一位是观察员。在访谈的过程中，主调人员往往会处于紧张的状态，一方面很难完整做记录，另一方面对自己的失误不敏感。

如果受访人同意录音，可以保证信息完整性，但大多数情况下，受访者不喜欢被录音，并且根据研究，有录音设备的情况下，受访者说话会更加保守，不能道出最真实的想法。应塑造轻松自然的调研环境，让主调人员和观察员共同执行调研。主调人员负责跟客户沟通并提出问题，观察员负责记录，如果出现重大偏差，观察员可以暗示主调人员，或者建议调研休息 5 分钟，趁机给主调人员反馈情况。

提问阶段需要关注受访者的肢体动作。动作往往跟情绪同步，很多语言未能表达的内心想法，行为语言早已流露，访谈者要捕捉这些行为语言并快速正确解读。比如身体靠后、双臂交叉环抱、椅子转向离开的方向、不停抖动脚等，都是因为受访者觉得紧张，或者不感兴趣，整体呈现一个想远离和逃离的状态。当主调人员捕捉到受访者的这些行为信号，就要对调研氛围做调整。可以转换问题，问那些受访者愿意回答的问题，把不愿意回答的问题，换个方式后面再问，或者建议一个茶歇，大家休息 10 分钟后再继续访谈。

微表情是表情的细微差别，很难用语言描述，比如一个人的笑是真笑，还是假笑，或者是尴尬的笑。为感兴趣的读者推荐一个专门研究并解读微表情的网站，www.PaulEkman.com。

3. 使用追问技巧，获取深层驱动力

追问是调研最重要的方法，因为追问才能获得深层的洞见，也就是我们要解决问题的根本原因。不能停留在表象，要不断追问背后的原因，直至客户心智中的底层原因，就是常说的根本原因。比如，调研中听到受访者回答不在乎品牌、这个价格有点贵、这个功能还可以、你们比竞品好一点，诸如此类的都是非常浅层的表象回答。

如果受访者回答不在乎品牌，那么就要追问他说的品牌是指什么。客户会举例那些大公司，比较贵的产品。接着就要追问，是

不是他们的产品虽然好，但是价格远远高于其价值。如果受访者表示赞同，接着追问为目前的产品和功能支付多少费用是合理的。如果客户觉得产品价格贵，那么追问，如果产品价格不变，产品实现什么额外功能让客户觉得值得、不贵了。接下来受访者的回答就是非常有意义的，是接近根本原因的回答。

追寻根本原因，有 5why 方法，就是一直问"为什么"，直到触及根本原因。问题无法再深入回答时，往往就是根本原因。现实工作中，大家不要太生硬地问一连串"为什么"，这样会给受访者很大的压迫感，对方会觉得调研者太强势，咄咄逼人。给大家提供一些"为什么"的变体表达法，比如：请您解释一下这么考虑的原因是什么；请您说说这么想的理由是什么；您能否把您的思考过程跟我分享一下；是哪些因素导致您下这个结论的，请您详细介绍一下；您能不能举个例子详细说明您的观点。

最后分享一个技巧：变换维度让受访者说出心里话，引导受访者给定义、比较、举例、详细阐述、举证等。同时要善于用"换身术"，即假设自己是受访者，给出自己的理解，请受访者确认，是不是和他刚才的表述是一致的，例如用自己的话表达受访者的意思，或者画一张图请受访者确认等。很多时候，访谈者控制好节奏，提出好的问题，也是在帮助受访者整理自己的思路，确定自己的真实观点和想法。

举个例子，进行新产品的调研时，业务目标如下。

- ❏ 客户是否在看到某个 SaaS 产品后自主理解这个 SaaS 工具的功能？
- ❏ 客户能否自主完成一个操作流程？
- ❏ 客户愿意支付的价格是多少？

错误的提问示范如下。

真实的场景一

产品经理：您好，感谢您来帮我们测试新产品。这是一款××产品，主要是为了解决您工作中的××问题。您是有这个问题吧？

潜在客户：是的。

产品经理：我这个产品竞争对手都没有，对您的好处很多……

潜在客户看了半天，鼠标在产品界面移动过来，移动过去。

真实场景二

产品经理：您现在体验一下，哪里觉得不好，您告诉我。

潜在客户：这个怎么操作？

产品经理：来，我给您演示。对，点击这里，然后下一步上传；然后您按这里……

潜在客户：这个评价我们采购的 A 资源"特别好"是什么意思？

产品经理：意思就是……

潜在客户：这个看结果要付钱？

产品经理：对，看结果要付 199 元。其实不贵，您看，如果 A 资源采购质量一般，您公司的损失可能是好几万。

正确的提问示范如下。

客户看见新品，不停地在首页滑动鼠标。

产品经理注意到了，提出了问题：您为何停在首页？（用了 5why 方法。）

潜在客户：我到处看看。（这只是表象。）

产品经理：您看看是为了什么？（5why 方法。）

潜在客户：我不知道你这个产品该从哪开始用。

产品经理：您说的开始用是什么意思？（5why 方法。）

潜在客户：一般都得有个位置，点击就可以进入试用啊！

产品经理：这里是，您是觉得这个不够明显？（5why方法。）

潜在客户：这里啊！确实不明显。

产品经理：您说的不明显是我们这个字不够大您没看到，还是我们用的词不对，您看到没理解？（5why方法。）

潜在客户：不是没看到，我们一般不用这个词。我们用××。（停在首页到处看看的根本原因。）

产品经理：那我改成××。然后放在什么位置您会觉得合理？（换身术。）

潜在客户：对，一般放在这里，比较直观吧。

产品经理：我画了一个简易图，您看跟您想的一样吗？（换身术。）

潜在客户：是的，这样就懂了。

4. 调整假设，重置问题，达到目标

现场调研偶尔会从客户那里获得一些关键信息，否定之前某个二级问题的假设。这时就要立即纠正该二级问题的假设，针对新的假设，继续展开追问，直到找到根本原因。这里要注意，关键问题始终是不变的，解决关键问题才能解决业务问题，实现此次调研的目标。

下面简要介绍定量调研。定量调研的难点在于数据的收集、清理和分析。很多公司的增长团队都会配备高级数据分析师，如果公司研发团队中有数据分析师，那么调研的时候也可以临时借调。从调研设计阶段到数据清理分析阶段，都请数据分析师深度参与。

6.1.4　VOC第三阶段详解

调研执行完毕，接下来要明确洞见并形成报告。这个阶段有3个关键点：识别观点和行为；确认组群差异；合成调研报告，形成

行动计划。

1. 识别观点和行为

根据调研结果,把其中的个例剔除,根据受访者共同的想法来梳理事实和发现。当然,不同的发现对解决业务问题的贡献价值是不同的,对梳理出来的发现要做重要性排序。根据最重要的前3~5个发现,结合业务梳理出洞见。所谓洞见,就是企业为了解决客户的业务问题而找到问题背后的根本原因。

2. 确认组群差异

2B领域因为决策链比较长,受访者来自决策链的不同角色,所以观点和行为差异也不能混在一起分析,而是应该分成组群进行分析。2B洞察通常不是单点洞察,而是链式洞察。一个复杂的商务问题,往往需要通过调研了解决策链全链的用户洞察,才能制定最优战略性目标。

3. 合成调研报告,形成行动计划

在网上能找到很多调研报告的范本,从务实的角度看,内部使用的调研报告切忌形式主义,不用长篇大论,要先谈目的和结论并且提供支持结论的论据。要把调研过程文件作为附件,如果大家对结论有异议,再拿出过程文件看看是否有谬误。

此外,一定要以行动计划为结尾,真正解决业务问题。为此,可制定一系列行动计划。行动计划包括什么时间,由谁做什么事情,实现具体的业务目标及衡量标准。调研团队要针对调研组织一次会议,汇报调研的目标和结论。如果大家对调研结果和行动计划没有异议,那么这个会议就是改善行动的启动会。我们做调研,要回到业务层面去解决问题,达成最初的业务目标。

6.2 沉浸式调研

沉浸式调研就是深入一线,在客户的场景中跟客户一起工作,通过亲身体验完成调研并获得客户洞见。沉浸式调研难度比较高,调研者需要有较高的专业水准和较强的沟通协调能力。

如果 SaaS 企业需要掌握客户使用的场景,或者理解客户的业务流,就需要采用沉浸式调研方式。沉浸式调研能将场景、客户的言行、客户的组织三者有机地结合在一起,获得从个人到组织、从产品价值到客户业务价值的全维度的洞见。

进行沉浸式调研花费的时间周期可能较长,一般需要 2～12 周,而且找到可以访谈的客户前需要跟客户建立足够的信任,或者良好的关系,才可以展开深度协同。不过不用担心,如今企业的文化越来越开放,普遍积极致力于协同演进,只要是共赢的调研,都能较顺利地启动。

6.2.1 2B 专有的沉浸式调研

沉浸式调研是 2B 领域专有的调研方式,因为相对于 2C,2B 的专业化程度和复杂性都大幅增加。

1. 同一个 SaaS 产品,行业不同,应用场景不同

如果服务过很多细分行业的客户,就会发现客户的应用场景差异很大。以直播 SaaS 产品为例,金融行业主要是通过直播的方式介绍经济和投资趋势,让 App 内注册的客户加购理财产品;医疗行业通过直播的方式传播专业知识,构建私域,并不是为了短期的交易转化;电商行业做直播,目的是获得高转化率,最好即刻成交。因为场景不同,SaaS 产品的使用方式也不同,客户的体验和评价就不同,自然会影响续费。

2. 同一个行业，大、中、小企业的应用场景不同

同一个行业，大中小企业对 SaaS 产品的应用场景也不同。以 SaaS 赛道最集中的营销类 SaaS 产品为例，一些初创公司使用营销类 SaaS 产品的核心目的是获客，主要使用内容模块。大型企业，因为发展进入平稳期，不太可能大规模获客，所以使用营销类 SaaS 产品的核心目的是优化流程，提高效率。通常需要打通财务、CRM 和营销系统，这样可以衡量不同营销活动的投入产出比。因为初创公司和大型企业高频使用的功能模块是不同的，所以对同一个产品的体验往往也不一致。如今越来越多的 SaaS 企业聚焦细分市场，做符合场景的产品。

3. 个人到组织，个性化中的统一

对于 2B 客户，不仅需要研究客户个人的喜好，还要研究客户组织呈现出的整体性喜好。组织跟个人一样，存在组织性人格，组织长久发展会形成相对固定的决策模式和行为方式。这就是通常所说的每个团队有独有的特色，每个公司有鲜明的风格。针对 2B 客户的调研不能点对点地研究个体，要点对面地针对决策链进行立体研究。

6.2.2　沉浸式调研的适用场景

当遇到以下三类业务问题时，建议采用沉浸式调研。

1. 做产品：实际使用场景与体验

涉及了解产品的场景和客户体验时，需要到客户的现场进行沉浸式调研。毕竟关于体验，不深入观察和沟通，不可能得到真实且全面的信息。

2. 做标杆：先进的业务方法论

当做标杆客户案例、梳理一类细分客户的业务方法论时，要

进行沉浸式调研。所谓业务方法论，就是客户组织的业务流程和支撑理论。流程梳理需要亲身经历一遍，才能做出标准流程，支撑理论则要跟客户深度沟通，毕竟大部分 SaaS 企业的调研人员并非来自客户的行业，对客户的业务也相对陌生，沉浸式调研是和客户共创、了解事实、归纳总结先进业务实践的最佳方法。

3. 优化客户成功：客户桌子上的信息

如果想要优化客户成功服务，建议采用沉浸式调研方法。每个组织和行业都有内部固有的成功阶梯，作为 SaaS 企业，我们不能提供自以为是的客户成功，而是要赋能客户攀登其组织内的成功阶梯，赋能组织攀登行业内的成功阶梯。

6.2.3　在客户那里工作几周

沉浸式调研可以理解为在客户那里工作几周。首先跟客户保持良好的关系，在建立信任的基础上，再去客户公司帮忙会更加自然。SaaS 企业跟客户是共生关系，要积极建立伙伴关系。以前大家喜欢用甲方、乙方来定位彼此，这是有距离感的称呼，大家都是彼此赋能并寻求生存、增长、成就的伙伴和战友。

沉浸式调研就是跟客户一起工作 2~12 周，一般 2~4 周。最好在这 2 至 4 周内协助客户完成某个项目，这样基于具体项目的调研效果更好。整个过程中，调研者的核心工作就是多看、多聊，把跟调研目的相关的信息像记日记一样记录下来，整理为观察日志。每周带着日志回到公司，团队成员分享并探讨自己的发现和感悟，听听大家的反馈和疑问，这样可以调整接下来一周的调研重点，并且补充新的问题，实现每周迭代沉浸式调研的方案。表 6-5 所示是观察日志的模板，供读者参考。

表 6-5 沉浸式调研观察日志模板

调研目标	时刻提醒自己不偏离方向
日期	观察日志每日一记
客户名称	
事实 1	对通过观察和询问认识到的事实进行记录
事实 2	
事实 3	
涉及的流程	需要画图的可以手绘或者拍照
相关标准	
当日总结	针对今日
疑问	总结时发现的一些新疑问要记录下来，第二天解决
素材	有价值的素材要进行拍照并整理，后期带回公司分享给同事，便于直观理解

6.2.4　把洞见带回公司，让改善落地

经过 2～4 周的沉浸式调研，调研者带着观察日志和在客户工作现场采集的素材回到公司，分享给调研团队并着手制定改善行动计划。调研者相当于通过实地考察带回了一手资料，对于提升团队认知很有帮助。

基于实地考察整理出的信息，总结洞见；回归调研目标，制定改善行动计划，这样调研才能结合业务发展落地。调研一定要闭环，也就是解决实际的业务问题，完成战略性的目标。

6.3　长老会

长老就是有数十年积累、对行业有深度认知的圈内人。我认为，长老首先是 2B 行业 20 年的从业者，其次是 SaaS 产品的客户，最后才是 SaaS 企业的增长顾问。长老要能站在客户角度来看

SaaS 企业增长的问题。

SaaS 企业在做 2B 客户业务的时候，应该刻意入圈，而入圈最好的方式就是拜长老，找导师，多交圈子里的朋友。一些战略性问题关乎行业的发展趋势和深度洞见，调研普通的行业从业者很难得到真知灼见，而业内长老们就会输出宝贵信息，这些都是长时间积累的财富。

长老会就是通过会谈的形式，跟目标行业中多位资深人士沟通，快速对齐行业认知并连接关键资源，提高企业进入该目标行业的基线。

6.3.1 用 1/6 的时间实现新市场开拓

分享一个我辅导过的真实案例，该公司希望摸排消防细分市场的机会，可是全公司没有一个人来自消防行业。摸排目标包括了解市场的规模、线索量、评估获客和结单周期、判断该细分市场是否是利基市场。

团队原计划通过 6 个月获取 2 000 万线索，结果 1 个月就完成了，而且线索达到 3 000 万。具体是怎么做到的呢？其实就是通过人脉找到了在消防行业创业近 7 年的李总，李总的公司给消防行业提供大型设备，他分享最开始采用直销模式，花费时间长，成本也比较高，一年后才摸索出来，通过招标网找代理商是最高效的获客方式，而且还提供了他们验证的最有效的搜索关键词 "消防 + 城市名字"。

获得如此洞见之后，团队立刻组成 3 人摸排小组，通过招标信息搜索 + 电话的方式，一个月完成了全国消防市场的基础摸排，获得 300 多家客户和代理商的联系方式。

这个故事中深耕消防行业的李总就是消防行业中的 "长老"。

6.3.2 SaaS 企业需要的 2B 思维

SaaS 公司必需意识到目标行业长老的价值，并刻意寻找长老和举办长老会。像圈里人一样做事，虽然不是对每个 SaaS 企业的硬性要求，但是做到的企业肯定能受益。日常运营中，有时 SaaS 企业需要辨别一个需求是否是新产品的核心功能；有时，要找到一个更高效的传播渠道；有时，需要给潜客列表排序。如果有圈内人指导，效率和准确度都会大幅提升。

2B 行业就是一群有共同专业属性的人才聚在一起发展的产业，几十年来已经形成了固有的沟通渠道、关系网络、信息通路。圈子里的一件大事，可能一晚上绝大多数的圈内人都知道了。大家是否想过，这个信息的通路是什么？如果公司的产品价值能通过这个通路传播，效果会怎样？

我在 2B 领域实践近 20 年，回首来看，即便自己工作很努力，也要 5 年才能认识行业的结构脉络，近 10 年才有能力调用行业的杠杆资源为企业营销增长加速。

有一篇文章写得很好，观点是 2C 领域的企业，只要有很好的创意，就有机会迎来爆发式的增长。而 2B 领域不行，2B 领域的核心在于解决一个具体的问题，并指出 2B 和 2C 的主要区别。

做 2C 重点是创新，做 2B 最重要的是解决一个具体的问题，比如提升效率。

做 2C 要有用户思维，做 2B 则要在用户思维的基础上加上客户思维。

做 2C 可以羊毛出在猪身上，最后狗来买单，做 2B 则永远都要关注共赢。

做 2C 有机会在前期就增长迅猛，做 2B 则是需要长时间的投入，才有收获。

6.3.3 拜寻长老

本节提供几个拜寻长老的实操路径。

第一,拜访行业大客户。如果刚好客户中有细分行业的头部客户,那就赶紧拜师,多请教,邀请客户来企业指导,帮助梳理一下团队对细分行业的认知,最好还能推荐一些圈内的资源。

第二,参加行业活动和展会。多参加一些行业活动和展会,积极和圈内人交换名片,找可以合作的点开展合作,建立信任,再进一步对接资源和 KOL。

第三,拜访行业协会,参与协会的一些工作,找到合适的协会关键人当导师。

第四,联系行业的资深代理商,拜访并积极请教。代理商给出的信息将是不同角度的。

第五,招聘一位来自该细分行业的员工,最好从业 8 年以上,至少 5 年以上。

6.3.4 长老会的形式

长老会的形式要依据长老的建议来组织。可以是一对一拜访,也可以邀请 2~3 位行业资深人士来公司座谈。提前设计好座谈会的内容,可以参考 VOC 的流程进行设计。也可以在行业展会或者行业大会期间,跟组委会合办一个闭门会,邀请 20~30 位行业资深人士针对某个议题进行探讨。当然,一般这种形式要谨慎采用,成本比较高,需要一个极其优秀的主持人,否则业内人士各抒己见,大概率会成为没有结论的发散型讨论。

6.4 社区

以客户为中心的数字时代,社区是当下 SaaS 企业非常重视的获得客户洞见的方式。SaaS 行业的本质是提供服务，SaaS 企业跟客户是高度共生共创的关系。

社区是指在线的特定社群或者空间。企业搭建好平台，客户可以在平台上分享知识，交换想法；企业进行测试，收取建议，跟群内成员共创产品，营销内容等。小米是最早成功实践社区的国内公司。小米社区中都是品牌的忠实粉丝，跟企业有高频的日常互动。

6.4.1 共创

共创是一种文化，也是一种理念。通过社区实现共创并不是一件容易的事情。建立社区，构建好基础的功能，邀请客户加入社区，进行日常运营，根据社区的互动去不断迭代社区功能。

本土 SaaS 社区做得比较好的是小鹅通和开源平台 PingCap。小鹅通客户数量庞大，客户的需求非常多。小鹅通通过社区，一方面服务客户，实现客户成功，另一方面还能指导研发迭代产品。客户提出了各种各样的改进建议，产品经理就放在社区对应栏目请大家投票，投票最高的改进建议优先迭代，并且让社区客户知晓迭代的进展。跟客户实时互动，让小鹅通在了解客户深度方面超过其他竞品，而且也能让产品迭代更加合理。客户总会提出许多需求，而这也是最让产品经理头疼的地方，现在通过社区就能解决这个问题，让客户决定产品先开发或者升级哪个功能。

社区共创看起来简单，真正执行到位是很难的，小鹅通的 COO 也反馈他们实在是花了太大的力气才把这件事做成。

表面是搭建社区，其实考验的是企业文化，属于组织管理层面的问题。以客户为中心，从信念到执行之间有巨大的鸿沟。如何让全员认识到以客户为中心的重要性，如何定义以客户为中心的工作效果的评价标准，确定每天应该具体做什么来实现以客户为中心，这里面涉及组织管理的方方面面，既需要方法论，也需要执行力。当然，最好的团队状态是小步快跑，不断迭代，完成演化。

6.4.2 小鹅通

小鹅社区跟客户共创产品，识别关键需求。小鹅通创始人兼 CEO 鲍春健分享，当小鹅通跟客户共创的时候，遇到过一个巨大的难题——客户的需求太多了，每个客户的需求都不一样。这也是很多 B2B SaaS 公司遇到的问题。于是小鹅通做了一个小鹅社区，把客户的需求分解成功能点，放到一个大的池子里去。再告诉客户，大家如果觉得这个功能对你也很有帮助，就可以投票，票数高的功能点小鹅通优先解决。这样客户就有了参与感。很多时候客户的参与感不一定要满足他的原始需求，可以换一种方式让他有轻量级的参与感，让他看到更多成果和价值。

6.4.3 PingCap

PingCap 成立于 2015 年，发展极其迅速，2021 年完成估值 30 亿美元的融资。PingCap 是一家企业级开源分布式数据库厂商，提供包括开源分布式数据库、解决方案与咨询、技术支持与培训认证在内的服务，致力于为全球行业用户提供稳定高效、安全可靠、开放兼容的新型数据基础设施，解放企业生产力，加速企业数字化转型升级。

PingCap 创立的分布式关系型数据库 TiDB，服务于企业客户关键业务，具备分布式强一致性事务、在线弹性水平扩展、故障自恢复的高可用、跨数据中心多活等企业级核心特性，帮助企业客户最大程度发挥数据价值，充分释放企业增长空间。

PingCap 之所以产品做得好，发展速度快，主要归功于 PingCap 社区。社区帮助 PingCap 贡献了很多想法、代码、反馈，加速了产品的成熟，社区是 PingCap 最宽的护城河。社区的价值很多，在调研方面，社区无疑是最接近一线也最高效的渠道，能实施及时调研。

6.5　本章小结

本章从实战角度介绍了 4 个获得客户洞见的方法——VOC、沉浸式调研、长老会、社区。获得客户洞见对业务发展的重要性不言而喻，没有掌握获得客户洞见方法的 SaaS 企业，在新产品进入市场和实现业务增长目标时，很难有清晰的策略。以客户为中心的商业时代，获得客户洞见是一切商业活动的起点。

对于营销人员而言，高手都在苦练基本功，获得客户洞见对于营销人员而言就是基本功。不同的营销人员能把这 4 个方法发挥到不同的高度，为企业增长带来不同的价值。期待读者跟我分享你们的实战案例以及其他获得客户洞见的有效方法。读者可以通过公众号"ToB 营销增长"联系我。

第 7 章将继续介绍增长必备基本功——价值销售。价值销售不等同于销售价值，价值销售是一套方法论。获得了客户洞见后，企业就要向客户传递价值。

第 7 章

增长必备基本功：价值销售

对于 SaaS 企业而言，价值销售是创造价值、传递价值、交换价值、实现价值的过程。本章主要介绍什么是价值，如何基于 2B 客户的需求去创造价值，以及传递价值的具体方法，也将介绍销售团队进行价值销售的方法。

7.1 价值销售

价值销售的过程包含创造价值、传递价值、交换价值和实现价值。价值销售不仅是销售部门的事情，也是整个企业组织资源与客户交换价值的过程，是一个系统性的工作。

7.1.1 价值是什么

很多企业都在宣传自己卖的车有 4 个轮子、1 个方向盘、1 台发动机。这是在介绍产品功能，不是价值。还有很多企业宣传自己的技术先进，自己的人才在某些方面获得世界领先的成绩，这是在介绍企业的技术实力，也不是价值。价值是一个产品的独特功能以及蕴含其中的先进技术，能让客户变得更好，才有价值。

价值是谁的价值？当然是客户的。卖方无论做出什么样的产品，只有客户真切地体验到价值，才是被实现的价值，这种被实现的价值才能带来持续的价值交换，让卖方持续发展。

我们更容易站在自己的角度看我们的产品有多好，而不太容易站在客户的角度看如何让客户变得更好。价值销售需要经过系统的方法和刻意的练习。

7.1.2 价值销售需要的方法和工具

价值销售是创造价值、传递价值、交换价值、实现价值的过程。一个企业和产品的价值不是营销人员头脑风暴就能探讨出来的，需要与用户在商业互动中进行一步步积累。企业带着自己的使命开始商业活动，使命背后就是要传递给客户的核心价值，企业的核心价值往往是明确的，但是显化价值需要跟客户共创，显现成客户心智中的价值。

2B领域有"客户"和"用户"两个概念，"用户"和"客户"指代不一样，用户是使用产品的人群，客户是付费的机构。比如某银行购买一个客服SaaS产品，"用户"指代银行内部的客服团队，"客户"指代该银行机构。产品、场景要和用户打磨，价值传递和销售流程推进要跟客户互动。文中会使用"用户"和"客户"两种称呼，读者也可以将其理解成同一概念，即买方。

举个通俗的例子，我的使命是让客户变得更美，虽然客户认可我传递的价值方向，但是每个细分市场客户对于美的需求不同，有的客户需要没有斑的白净肤色，有的客户需要八块腹肌，有的客户需要苗条的身材。要把价值显化，对于那些需要白净皮肤的细分客户，我提供的美应该通过护肤品显化在肤色改善上。从企业提供的价值让客户变美，显化到客户因为使用了护肤产品而感受到自己变美的实际价值。

一个好的话术，一句好的价值传递广告词，一个有效的价值传递工具，或者一种更优价值传递认知，往往都沉淀在不同员工的脑子里，如何把这些分散的价值点进行汇总，形成企业的价值销售体系，需要一套有效的方法和工具。

价值沉淀是知识沉淀的一部分，企业会采纳不同的方法做知识沉淀，下面分享一个真实案例。

1. 价值与销售流程

价值传递要匹配销售流程，不同的销售阶段传递的价值和使用的价值传递工具是不同的，沉淀企业价值的第一步是跟销售流程关联起来。价值传递工具的管理要融入 CRM 系统，营销人员在使用价值传递工具的时候，CRM 系统会记录该工具的使用频次以及具体应用在哪个销售阶段。

2. 价值有标签

价值要有标签，例如形式、销售阶段、重要性、好用性。各种各样的价值要存放在价值体系库中供一线员工使用和验证，经过验证的价值才是有效的价值。如表 7-1 所示，不同的价值销售工具被用在销售流程的哪个阶段、用了多少次，都可以清晰记录。每个价值销售工具有标签体系，包括形式标签、销售阶段标签、使用次数标签、重要性标签、好用性标签、创建人标签等，如图 7-1 所示。这样就可以管理好价值工具，并且实施有针对性的优化。

表 7-1 价值体系

销售流程	RL	MQL	SQL	Rev
价值销售工具 1		90 次	150 次	
价值销售工具 2			60 次	86 次
价值销售工具 3	460 次	230 次		
价值销售工具 4		50 次	30 次	
价值销售工具 5	300 次	210 次	67 次	

图 7-1 价值工具标签

3. 价值社区孕育好价值

现在各个企业都很重视协同办公，我们在协同办公工具中嵌入价值社区，员工日常使用价值传递工具，可以反馈和评价效果并打分；员工可以把在市场一线发现的新价值点在价值社区中分享出来，市场部定期整理，对做出贡献的员工根据贡献排名给予奖励。这就是社区的魅力，归属感和成就感可以推动组织的发展，实现交叉团队的价值共创。

比如一个价值传递工具的形式是案例，销售阶段是 SQL，重要性是 9 分 (10 分制)，好用性是 5 分（10 分制）。说明经过一线业务员的验证，这个价值传递工具很重要，目前的工具质量不高，需要尽快优化。

过去需要跟一线业务员沟通，或者请教用户，才能完成优化工作，如今有了价值社区，可以高效收集一线反馈，快速迭代价值传递工具，并将其沉淀在价值社区。员工再使用价值传递工具时，也会首先使用那些评分高的工具，及时实践、反馈，让价值社区流动起来，实现企业价值的沉淀和演进。

7.2　2B 客户需求

价值的显化就是把企业想给客户传递的价值转化成客户需要的价值，为了做到价值显化，要明确 2B 客户的需求。

7.2.1　2B 需求金字塔

2B 需求金字塔的第一层，就是明确回答客户业务正在遭遇的问题和挑战，SaaS 产品如何解决这些问题和挑战，客户在业务层面得到哪些具体的可量化的改善和提高。

第二层是组织价值。客户的组织都处在动态市场的竞争下，有来自内部的竞争，也有来自外部同行的竞争。客户追求的是在安全的状态下实现持续盈利和发展。SaaS 企业不应只销售 SaaS 产品，更应该布道先进的业务方法论，先进的业务方法论势必会助力客户的组织发展和演进，被先进的业务方法论赋能才是使用 SaaS 产品的原因。中国 2B 企业正在经历三大周期迭代，即技术周期、产业周期、国家经济周期，企业在进行全面数字化升级，产业也在向数字化和高精尖的创新方向发展。恰逢其时，客户正需要先进工具和业务方法论赋能，对于 SaaS 企业来说既是机遇，也是挑战。

第三层是行业价值。行业就是产业，是一个国家的经济命脉，产业要持续地健康发展，所有的结构调整都是为了更加持久和健康的增长。行业的头部专家大多可以预判行业未来 3～5 年的发展方向，如果 SaaS 企业能够获取这种认知，无疑就获得了富有远见、更具高度的价值传递工具。

尤其是朝着纵深发展的 SaaS 企业，其价值传递应当和行业的发展趋势高度关联。或者换个说法，如果一家纵深发展的 SaaS 企业的价值跟行业的发展匹配，那么将与行业中的客户形成更深层次的关系，不是价值型销售的关系，而是共生发展的关系型销售关系。今天的关系型销售，不再是传统的熟人关系概念，而是面对未来彼此高度依赖的发展关系。这种长期依存的关系，能降低交易的信任成本，进而降低 SaaS 企业的行销成本，构成品牌力的一部分。

第四层是国家价值。市场制度、经济制度、社会制度、政治制度是统一协调的。产业一定是国家属性的，产业的发展最终要践行国家战略。并不是每个 SaaS 企业都能提供第四层价值，但是或多或少 SaaS 企业都在践行数字中国的国家战略。实践国家价值靠的不是数据，而是数据带来的降本增效和更聪明的决策，以及先进数字时代带来的新增长。

7.2.2　回归客户业务场景找价值

SaaS 企业回归客户的业务场景找价值，客户最关心的并不是你的产品好不好，你的技术牛不牛，而是你到底懂不懂他的需求，你的产品能否解决他的问题。当客户明确知道他的问题能被你解决后，才会进一步关心你的产品是不是最佳选择，以及在性能、技术等方面是否优于其他竞品。

回到客户的业务场景中，SaaS 企业要清楚回答 6 个基本问题。
- 当下客户的业务流是什么样的？
- 该业务流下存在的问题和挑战是什么？
- SaaS 工具是如何解决某个问题或者挑战的？
- 客户要付出的成本、投入的资源是什么？
- 客户获得的可以量化的价值是什么？
- 最终客户的业务被改进到一个什么状态？

这 6 个问题回答清楚后，就要让价值显化。所谓价值显化，就是让个人和组织都能明确使用你的产品并能变成更好的自己和更先进的组织。价值显化的过程要回答 4 个问题。
- 用户的内部成功阶梯是什么，做什么能让他在组织内更成功？
- 用户的外部成功阶梯是什么，做什么能让他在组织外（行业内）更成功？
- 用户组织的内部成功阶梯是什么，做什么能让用户的组织自身更成功？
- 用户组织的外部成功阶梯是什么，做什么能让用户的组织在行业内更成功？

SaaS 企业能够清楚回答上面 10 个问题，就实现了在客户业务场景中找到价值并将价值转化成显化、可被客户认可的价值。

我辅导过上百家企业，抛出这 10 个问题后，没有一家能立刻给出明确答案。有位董事长向我咨询，由于业务增长停滞，他希望投入一笔可观的预算做品牌推广，想知道怎么做一场有影响力的活动。我们聊了一个小时，他彻底忘了办活动的事情，而是在接下来的一周内采购了 MarTech 工具，重新调整了组织架构。

这位董事长描述他的销售人员为了增长不得不花很多精力拓

客,现在电话营销越来越难,销售压力大,离职率越来越高,好的销售又不好招。全面了解他的业务情况后,我向他提出了3点建议。

- 销售的离职率高,本质原因不是电话营销获客难,而是企业没有销售流程管理,因为没有获客职能的市场团队,所以销售不能聚焦于他们擅长的点对点销售,专注商务谈判和签署订单,而是不得不做并不擅长的获客工作。获客工作这种点对面的营销本应该由市场部完成。市场部点对面营销,销售部点对点营销,让点对点工作方式的销售干点对面的营销,既不擅长也没效率,这才是销售离职率高的根本原因。
- 环境变化了,如果不能启动效率更高的数字营销,企业资源投入产出比不具备竞争力。我帮他算了一笔账,如果采纳数字化营销的先进业务方法,至少能将营销效率提升3~5倍。
- 产业周期迭代,不进则退。老牌头部企业如今也是危机重重,我告诉了他一个真实的情况,某新成立3年的公司已经获得他们公司10年取得的成果。这让董事长深刻体会到产业周期迭代下企业内部改革的紧迫性。顺应周期迭代的改革,应该在企业发展好的时期就开展,而不应当在衰退期才进行。

我站在顾问的角度,帮助这位董事长解决问题,我的目的并不是要售卖任何一款 SaaS 产品给他。对于 SaaS 企业来讲,也应该如此去解决客户的业务问题,分享先进的业务方法论,核算投入产出比,让客户看到明确的价值。客户其实都很聪明,只要 SaaS 企业的价值传递准确,客户的行动力往往远超我们的预期。

7.3 价值传递

2B 领域价值传递的形式有很多，如面对面的沟通、展会、学术研讨会、白皮书、文章、视频等。价值传递的角色也包括市场、销售、客户成功等团队。客户端接受价值传递，涉及整个价值链的不同决策人，而不同决策人的关注重点一定是不同的。

本节介绍 2B 领域常用的价值传递方式——活动。2B 领域的专业性决定了 2B 行业的属性，疫情期间，部分活动从线下搬到线上，到目前为止，活动仍然是 2B 领域进行价值传递的主要方式。

1. 活动分层策略

活动应该是分层的，一般分为品牌层、客户关系层、营销层。品牌层的活动，一般要高举高打，全年有一两场就可以，主要目的是构建企业品牌力。这样的大型活动会邀请业界和全球知名专家，对于引领未来的行业发展理念、技术等进行探讨，打造品牌影响力。关系层的活动，重在小而美，属于日常维护，这类活动重点是用心，忌多忌频，让客户印象深刻、被感动才是关键。营销层的活动是一家企业预算主要投放的方面，营销层的活动架构更加复杂，一般要根据销售流程的不同阶段和客户决策链的不同角色进行设计，表 7-2 是某活动的分层策略。

2. 活动的目标与预算

活动的目标和预算要匹配，比如品牌层的活动，目标是提升品牌知名度和美誉度，属于公司的投资，建议每年设置固定比例的预算，衡量标准就是品牌的知名度和美誉度。可以参考品牌指数变化，也可以使用标准化的品牌调研进行年度品牌增长力评估。只要标准统一，评估就有可比性。

表 7-2 活动分层策略

	目标	衡量标准	预算标准	时间安排	1月	2月	3月	4月	5月	6月	7月	8月	9月	10月	11月	12月
品牌层	增加5%的美誉度	美誉度调研指标	300万				1			1						
关系层	客户关爱	客户满意度提升5%	人均200元/次		20		20	20	20	20	20	20	20	20	20	20
	渗透市场获取RL	RL数量	100元/RL	活动次数	5			5			5			5		
营销层	拓客获取MQL	MQL数量和ROI	5000个，500元		20		20	20	20	20	20	20	20	20	20	20
	转化SQL/Rev	转化率和转化金额	45%，高于X万		25	25	25	25	25	25	25	25	25	25	25	25

对于客户关系层的活动，建议根据客户数量分配预算，比如每人 300 元，也可以进行分档，每档设定一个标准预算。这类活动也属于公司的投资，可以根据客户满意度衡量。要避免为了做活动而做活动，这样的活动没有灵魂，很难让客户觉得有意义，有时候活动频繁还会成为客户的负担。

营销层的活动，预算是要计算明确 ROI 的。SaaS 行业的获客成本各有不同，PLG 模式的 SaaS 企业获客成本较低，R2R 和导弹式的获客成本都比较高。营销层的活动目的一般只有 3 个——渗透市场获取 RL、拓客获取 MQL、转化 SQL。

3. 活动的执行落地

做活动首先要明确目标，然后进行策划，最后为了实现目标做好执行落地。每个人对目标的理解不同，个人活动执行经验不同，会造成活动结果的差异。我曾辅导的某个上市公司，同样类型的活动，有的场次人均产出能到 2 万元，而有的场次只有 200 元，这是不同区域不同团队执行差异造成的。企业构建活动的 SOP 非常重要，至少能让活动的人均产出基线得到大幅提高，节省预算，一般在达到同样营销效果的前提下可节省 20%~45% 的预算。这可不是一个小数目，这些节省下来的预算如果能用于尝试一些创新的营销方式，或者投入企业数字化升级，将更有战略意义。

4. 活动的优化和迭代

活动需要不断的优化迭代，价值传递没有终点。中国企业将进入精益管理阶段，数字化能让精益管理上升一个高度。精益管理的核心就是要不断迭代，企业要有全面迭代意识和能力。迭代虽然看起来不难，但是想要持续执行是很难的。那些坚持下来的企业，日积月累将获得巨大的竞争力。活动的优化和迭代除了需要有专门负责的同事，还需要有一套机制和一套系统进行追踪和沉淀。

7.4 销售团队的价值销售

销售团队是价值销售的核心执行团队，尤其在导弹式的增长模型中，销售团队担任着重要的价值传递和价值销售的任务。如果认为价值销售就是销售向客户介绍能得到什么收益，那么对价值销售的理解就太片面了。价值销售是一个系统，可用一句话简述：价值销售兼有效率和效果，完成价值交换全流程，实现价值最大化。

7.4.1 销售的效率和效果

价值销售将为销售人员带来什么？价值销售帮助销售人员销售得更多，销售得更快，让销售的利润更高。谈论销售团队的价值销售，首先要明确目的，即提高销售团队的效率，改善销售效果。

以篮球比赛为例，如果想赢得比赛，要么增加投篮的次数，要么增加投篮的命中率，实际比赛中这两个都是关键指标。一场比赛的时间是固定的，同样的时间内投篮的次数越多，效率就越高，投篮的命中率越高，效果就越好。

销售工作跟投篮很像，销售高手在效率和效果两个方面都做得很好。那么到底如何才能成为销售高手，在效率和效果两方面不断精进？接下来介绍具体的方法，只要照此执行，你也可以成为销售高手。

如果要提高销售效率，可以采用时间管理 60∶30∶10 原则和销售漏斗管理 2 个方法。如果要提高销售效果，可以采用如下 4 个方法：FAB 方法、价值量化和货币化法、SPIN 方法、跟成功企业学价值销售。

7.4.2 60∶30∶10 原则

影响销售效率的第一个因素就是时间管理,普通的销售用60%的时间维护客户,30%的时间抢占市场,10%的时间规划未来。而价值销售的理念是把60%的时间用于抢占市场,30%的时间用于维护客户,10%的时间用于规划未来,这就是60∶30∶10原则。

这个时间分配原则的核心是销售的工作要有重点,他能合理安排时间,先完成重要的销售工作,减少无效时间的浪费。时间分配的具体比例肯定是可调整的,这背后要有调整的依据。虽然每个销售都有明确的销售目标,但并不是每个销售都能将销售目标和自己的时间分配进行匹配。

优秀的销售能够明确规划自己的时间,以保证自己可以完成销售任务。而很多初级销售基本是跟着感觉走,走一步看一步,并不知道自己的销售任务该如何完成,又应该如何分配自己的时间。

7.4.3 销售漏斗管理

销售目标和时间管理,同样也有可复制的方法论,这就是销售漏斗管理,或称销售流程管理,这是一种销售精益管理的方法论。

销售漏斗有3个核心应用——分解销售目标、规划销售时间、预测销售业绩。销售漏斗就是销售流程管理,不同类型的销售漏斗,其本质原理是一样的,即将销售的过程按照阶段进行销售精益管理。

探讨增长,我们都回归到客单价和结单周期这两个关键因素上。销售目标同样要依据这两个关键因素分解到可执行的行动计划。比如平均结单周期是6个月的产品,那么2022年6月份的漏斗情况基本决定了2022年的业绩结果，除非额外增加一些订单，但这种情况很少见。销售人员要结合年度销售目标，根据漏斗来确定自己当下的工作重点。

我们通过一个例子来把目标分解讲解清楚。YQ公司的平均客单价是30万元，平均结单周期是3个月，销售小伟的年度业绩目标是300万元，这意味着到2022年12月他需要签订至少10个订单才能完成销售目标。一起看看小伟在2022年6月的销售漏斗，如表7-3所示。

表7-3 2022年6月小伟的销售漏斗

小伟漏斗统计 | 2022年6月 | 客单价30万 | 2022年度销售目标300万							
销售流程	RL	MQL		SQL			Rev
销售阶段定义	联系方式	客户有意向	演示并提供解决方案	上报待批	预算到位进入采购	合同谈判	签约
对营收的贡献率|销售进程		10%	30%	50%	70%	90%	100%
商机数量	150	15	8	2	1	1	1
当下漏斗总计						个数	7.5
						金额/万元	225

YQ公司的销售流程分成RL、MQL、SQL、Rev 4个阶段。每个销售进程对营收的贡献定义为客户意向是10%，演示并提供解决方案是30%，上报待批是50%，预算到位进入采购是70%，合同谈判是90%，签约是100%。根据小伟的漏斗计算得出，在2022年6月的时候，漏斗总计7.5个协议，金额是225万元，已经签约1个订单。距年底还有6个月，接下来的每个月要签署2个订单，才能完成年度营销任务。从目前小伟的漏斗来看，SQL不足，只有4个，即使接下来的都签约，全年也只有5个订单，其中如若

再有丢失的订单，完成业绩的压力就会更大。小伟的时间分配要集中在通过营销活动加速 MQL 转化到 SQL，同期盯紧每个 SQL 加速推进，完成每个月 1~2 个协议的签约。

经过一个季度的努力，2022 年 9 月小伟的漏斗发生了变化，如表 7-4 所示。

表 7-4 2022 年 9 月小伟的销售漏斗

小伟漏斗统计 | 2022 年 9 月 | 客单价 30 万 | 2022 年度销售目标 300 万								
销售流程	RL	MQL		SQL			Rev
销售阶段定义	联系方式	客户有意向	演示并提供解决方案	上报待批	预算到位进入采购	合同谈判	签约
对营收的贡献率|销售进程		10%	30%	50%	70%	90%	100%
商机数量	230	18	10	4	3	2	5
当下漏斗总计						个数	15.7
						金额/万元	471

2022 年 9 月，小伟已经签了 5 个订单，完成了全年一半的业绩，SQL 有 9 个，只要转换率达到 50%，就能完成本年度的销售任务。最后一个季度，小伟要将自己 80% 的时间放在转化 SQL 的工作上，保证全年签约订单不低于 10 个。从小伟的漏斗情况来看，销售任务定的是比较合理的，需要努力完成销售任务，踮着脚能够得到的目标就是最好的目标。

再看看 2022 年 12 月小伟的销售漏斗，如表 7-5 所示。小伟签约了 10 个订单，刚好完成了业绩。小伟的销售漏斗中，RL 和 MQL 储备还不够充足。预测 2023 年，小伟完成同样 300 万的目标还很有挑战，所以 2023 年的上半年，小伟除了按部就班完成每月一个签约订单，更重要的是提高 MQL 的数量，这就需要小伟和市场同事一起策划一些点对面的营销活动，在第一个季度高效获取更多 MQL，让漏斗的分布进入更加健康的状态。

表 7-5 2022 年 12 月小伟的销售漏斗

小伟漏斗统计 | 2022 年 12 月 | 客单价 30 万 | 2022 年度销售目标 300 万							
销售流程	RL	MQL		SQL			Rev
销售阶段定义	联系方式	客户有意向	演示并提供解决方案	上报待批	预算到位进入采购	合同谈判	签约
对营收的贡献率|销售进程		10%	30%	50%	70%	90%	100%
商机数量	250	15	12	2	3	2	10
当下漏斗总计						个数	20
						金额/万元	600

销售漏斗管理可以帮助销售根据年度目标，了解自己商机的进度，从而确定接下来一段时间的工作重点和时间分配。同时销售可以根据漏斗来预测未来一个月及一个季度的营销业绩，公司也可以据此安排资源部署。一般建议销售负责人每个月跟销售仔细核对一遍销售漏斗，并根据销售漏斗明确工作重点。有的公司会每周进行一次销售漏斗的讨论。建议大家对销售漏斗的探讨追求深度而不是频次，一定要针对短期工作重点探讨并制定明确的行动方案，关注行动的执行落地。

7.4.4 FAB 法

FAB 是经典的价值销售方法，F 指产品特征（Feature），A 指优势（Advantage），B 指利益（Benefit）。按照此逻辑，销售应先介绍产品的独有特征，接着介绍产品突出的竞争优势，最后说明产品能给客户带来的重要价值，实现价值传递。

现实工作中，常见的情景是，资历较浅的销售有点紧张地跟客户说了一大堆话，结果丝毫未能打动客户，客户甚至一脸茫然，不知销售所云。经验丰富的销售，往往话不多，却能句句说到客户心里，很有效果。FAB 就是从成功的销售实践中提炼的方法，具有普适性。建议一线销售人员练习制作 FAB 表格，梳理自己的价值销售思路和话术。如表 7-6 所示，这种梳理对于拆解公司产品和提炼解决方案的价值非常有意义。

表 7-6 FAB 模板

FAB		
产品特征	竞争优势	对客户的价值
1		
2		
3		
4		

7.4.5 价值量化和货币化法

还未掌握价值销售的销售在回答潜客关于竞品的问题时，总是花费很多时间介绍自己的优势是什么，例如技术优势、解决方案优势等，并没有说清楚这个优势能给客户带来什么独特的好处，不能将这些好处量化。你的产品有再多优点，如果跟客户无关，就没有任何意义。销售在介绍自己产品的特征、优势时，要将重点落在提供给客户的价值上，这样产品的特征和优势才有意义。

传递价值要避免空谈，避免自说自话，避免夸大事实。传递价值应该基于客户的业务目标，将价值量化和货币化。

大多数 SaaS 产品的价值是降本增效，需要把价值转换成可以量化的数据和货币。比如，"这个工具可以节省您 30% 的招聘时间成本"要比"这个工具可以节省您的招聘时间成本"传递的价值更可靠,也更有说服力。

为了帮助读者掌握价值量化和货币化法,给大家提供一个参考模板,如表7-7所示。

表7-7 价值量化和货币化模板

价值量化和货币化法	举例
阐述利益	SaaS报销工具可以节省时间成本
利益量化	可以节省70%~90%的报销时间
利益货币化	公司有100个员工,之前报销年度累计需要约4800小时,您公司的平均人效是60元/小时,那么一年可以节省20万~26万元的人效成本,该工具仅需15万元/年的订阅费
强调单位价值	竞品A虽然订阅费是10万元/年,但是只有2个核心功能,平均每个功能5万元;我们的产品订阅费15万元/年,但是有4个您需要的功能,平均每个功能3.75万元,其实比A产品性价比高很多
证明净价值	我们产品收费15万元,没有其他额外收费。A产品除了8万元的订阅费,实施时还需要支付5万元实施费,另外还有5万元的培训费,累积18万元。相比之下,我们产品的价格更低,净价值更高

7.4.6　SPIN方法

销售高手都善于倾听,并且善于提问。好的营销都是从提出对的问题开始的。采用SPIN方法可以通过倾听和提问了解客户的需求,让客户认可并接受销售人员提出的解决方案。SPIN方法是通过研究大量销售案例总结出的有效方法,是建立在客户心理学基础之上的方法。

❏ S是指关于背景问题进行提问(Situation question)。

❏ P是指关于难点问题进行提问(Problem question)。

❏ I 是指针对隐含问题进行提问（Implication question）。
❏ N 是指针对需求和效益进行提问（Need question）。

SPIN 方法简单易行，回归到客户业务场景，通过少而有效的提问了解客户的需求、业务目标、心理诉求，再有针对性地提供给客户他们真正需要的解决方案。请读者务必铭记，没有向客户提问题前，请不要提供解决方案。

1. 关于背景问题进行提问

背景问题要围绕客户目前的业务是如何进行的展开提问。以营销 SaaS 产品为例，我们可以提出如下问题：现在您的获客方式是什么；团队有多少同事，如何分工；获客成本是多少；遇到的挑战和问题是什么；您觉得实现业务目标的机会在哪里；团队里面谁有业务指标；您最担心什么。

2. 关于难点问题进行提问

我们可以提出如下问题：您觉得获客难，具体难在哪里？是因为市场相对饱和，还是市场容量足够大，但是缺乏获客的新渠道，还是获客的成本高出预期，或者团队内成熟的营销人员不足？在进行提问的时候，抛出第一个问题后，就要进入客户多说、销售多听的阶段，并针对客户的回答继续提出层层深入的问题，例如下面的提问句式。

❏ 您刚提到……这对您来说是不是一个问题？
❏ 根据您告诉我的，听上去好像……？
❏ 您刚说到……这是不是导致……的原因？

3. 针对隐含问题进行提问

客户轻松说出来的只是冰山浮出水面的一小部分问题，背后隐藏着更大的问题和需求。我们挖掘的客户问题越多，解决方案就越有价值。当一名销售人员还没有挖掘到足够多的客户需求时，不要急着抛出解决方案。

隐含问题就是那些对客户来讲重要，但是不容易表述清楚的问题和需求。关于隐含问题，常用的问法如下。

- ❏ 这个问题的后果可能是什么？
- ❏ 它怎么影响您和您的团队？
- ❏ 如果问题没有解决，您的心情会是什么样？
- ❏ 解决这个问题会不会增加成本或者带来其他损失？
- ❏ 其实您的公司更在乎的是……对吗？

4. 针对需求和效益进行提问

销售需要知道客户的需求，更需要知道客户为了满足这个需求愿意支付多少成本，也就是客户如何衡量自己获得的价值。常用的问法如下。

- ❏ 您如何评估这个 SaaS 产品的价值？
- ❏ 您希望更节省成本对吗？您觉得节省多少成本比较合适？
- ❏ 您的意思是您的同事太忙，您希望减少工作量，那么您是如何衡量这件事的？

7.4.7 跟成功企业学价值销售

1. 3 分钟打动客户

所谓 3 分钟打动客户就是跟客户沟通的前 3 分钟就成功激起客户的兴趣，好的开始是成功的一半。"3 分钟打动客户"是指营销团队要针对细分客户提炼出一套标准话术。

如何提炼"3 分钟打动客户"的话术？一般建议用讲故事的方

式来传递价值。当然，3分钟打动客户的前提是对该类客户已经有了比较深刻的了解。否则建议销售先执行SPIN方法和FAB法。

2. 销售三板斧方法

SaaS销售往往需要破圈和入圈，破除SaaS圈层并进入客户圈层。一些资深的销售开创了销售三板斧方法，分别是拜导师、请决策者来公司考察、方案上会。第一步为拜导师，在客户企业中找到决策者并请教问题，真诚请对方做自己的导师，指导自己入圈，成为自己的领路人。第二步为请决策者来公司考察，跟公司的高层深度探讨，增加信任。第三步为方案上会，双方建立信任并达成合作意向后，将合作意向落地成具体的采购决策，要推动客户内部正式讨论并启动采购流程。三板斧明确了销售在做项目过程中的关键里程碑，并总结成可以操作的简单方法。

3. 华为的5个销售动作

不建议2B企业照搬华为的销售动作，即便复制了华为体系和方法也不可能打造出第二个华为，重要的还是在企业发展的不同阶段使用对的体系和方法。对于客单价超过百万元、结单周期在6个月以上的SaaS企业，可以参考华为的5个销售动作，因为客户单价超过百万元的产品决策流程相对复杂，决策节奏更多掌握在潜在客户手中，而华为的5个销售动作是经过验证的、高效推进客户决策流程的有效方法。

5个销售动作分别是参观公司、参观样板、现场会、技术交流会、高层拜访（经营管理研讨会）。这5个销售动作的目的如下：参观公司、参观样板是为了了解供应商的实力，提升信任感，提高竞争力；现场会提出解决方案，加速跟潜在客户达成共识；技术交流会解决决策链上技术相关决策人的信任问题，方案得到认可后，推进项目进入立项阶段；高层拜访是决策链打通的最后环节，实现高层在经营管理方面的意见交换，共建长期合作愿景，正式启动合作。

7.5 本章小结

虽然本章没有使用顾问式销售这个词，但是读者可以看到价值销售很像 SaaS 的顾问式销售，是经过演进的、更先进的顾问式销售，既通过传统的顾问式销售了解客户问题并提供解决方案，又有一套完成的方法论。价值销售可以称作精益的顾问式销售。

| 第 8 章 |

SaaS 增长模型：黑客式

本章将首先概述 SaaS 增长的 3 种模型——黑客式、R2R 式、导弹式，然后重点介绍黑客式增长模型。中国 6000 多家 SaaS 企业大部分都在起步阶段，本书介绍的 3 种增长模型旨在推动创业者回到业务的底层逻辑考虑如何做增长。

秉着开放的心态和分享的初心，我将基于已经取得卓越增长的企业的成功经验，提炼出增长模型，和 SaaS 行业全体同人一起提高关于增长的认知。本土 SaaS 赛道的科学发展基线提升后，整个产业将进入更高效、更健康的蓬勃发展阶段。

8.1　SaaS 增长模型概述

增长要回到本质去思考，增长的本质是价值交换的大小和效率。本节将概述 SaaS 增长的 3 个模型,目的是对比 3 个模型的差异,帮助读者快速建立对 3 个增长模型的认知,了解 3 个增长模型的区别是什么,以及不同模型的特点和增长关键点是什么。

8.1.1 SaaS 增长的本质

当我们想要取得结果的时候,要问的第一个问题是,产生结果的根本原因是什么?当我们面对 SaaS 的增长时,首先要厘清增长的本质。

增长的本质关系如图 8-1 所示,增长的本质是交易,交易的本质是价值交换。价值交换由交换效率和价值大小决定。一个商业主体如果能用更高的交换效率获得更大的价值,就实现了规模化的增长。

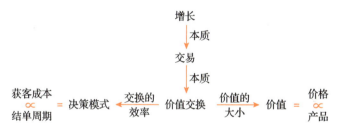

图 8-1 增长的本质关系

价值交换的大小在商业中体现在产品的价格上,一般来讲,好的产品价格高,产品和价格正相关。

价值交换的效率由交易决策模式决定。决策模式在商业中体现在获客成本和结单周期上,一般结单周期越长,获客成本越高,结单周期和获客成本正相关。

从这个底层逻辑可以推导出关系公式,增长正相关价格(客单价)和结单周期,也就是正相关营收和获取效率。

$$增长 \propto 价格 \times 结单周期$$
$$增长 \propto 营收 \times 获取效率$$

打个极端的比喻，客单价达到 1 亿元固然好，但是如果结单周期是 100 年，那么这无法成为一个商业模式，更别提成为一个可盈利的商业模式。

客单价为 10 元当然很低，但是如果结单周期是 1 分钟，那么这也是一个成立的商业模式，并且是一个能盈利的好生意。

可现实并不像极端的例子那么容易让人识别。中国有 6000 多家 SaaS 企业，从 2019 年 3000 家到 2021 年增加至 6000 家，发展很快。SaaS 赛道以新公司为主，年营收过亿并且实现盈利的企业屈指可数，大部分 SaaS 企业都在摸着石头过河。

SaaS 行业有个来自投资方的公式，LTV/CAC＞3 的 SaaS 产品才有可能盈利。这个公式虽然有道理，但是这是站在投资方的角度。对于每日执行增长任务的营销团队来讲，LTV 和 CAC 不够直观和可控。客单价与结单周期跟 LTV 与 CAC 的本质相同，都是**价值交换的效能**。客单价和结单周期是营销人员可掌控的指标。提供的折扣和买赠活动会影响客单价。能不能在更短的时间内签订合同，是营销人员自己可以控制的事情。下面我们回归市场人员与销售人员的视角，而非投资人的视角，使用客单价和结单周期这两个要素来构建 SaaS 营销公式和模型。

我们先看一组中国 SaaS 企业的调研数据，如图 8-2 所示。

结单周期为 3～6 个月的 SaaS 企业中，50% 的客单价在 10 万～30 万元，4% 的客单价在 30 万元以上，这两档占了 54%，代表大多数。此外，35% 的企业客单价在 1 万～10 万元；11% 的企业客单价不足 1 万元。

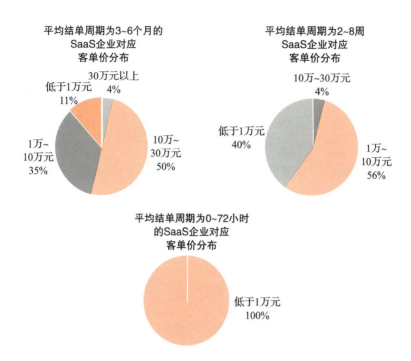

图 8-2 中国 SaaS 企业结单周期与客单价分布

从中国 SaaS 企业奋斗 10 年的成果来看,可以归纳总结出以下规律。

- 客单价在 10 万~30 万元的 SaaS 企业普遍结单周期为 3~6 个月。
- 客单价在 1 万~10 万元的 SaaS 企业普遍结单周期为 2~8 周。
- 客单价在 1 万元以内的 SaaS 企业普遍结单周期为 0~72 小时。

我在 2B 领域有 20 年的营销经历,为上百家 SaaS 企业提供增长咨询服务,也是 3 家企业的长期顾问,指导 SaaS 企业实现了可观的增长。随着经验积累,我总结了 3 种增长模型。2021 年底联合行业社群进行的 SaaS 企业调研,更是从数据层面证实了这 3 种增长模型的可靠性。我迫不及待想把这些重要的认知分享给 SaaS 从业者。

SaaS 业务一定要选择匹配的增长模型,才能实现规模化快速增长。模型不匹配的背后是企业增长努力的方向和投入的资源不对,结果在业绩增长和实现盈利方面都不具备竞争力。

8.1.2　SaaS 的 3 种增长模型

表 8-1 是 3 种 SaaS 增长模型的对比。这里要特别强调,模型给大家提供的是一个框架,客单价及结单周期是一个推荐值,并不是绝对值,大家在实践中要理解其本质,灵活运用。

表 8-1　3 种 SaaS 增长模型的对比

	客单价范围	结单周期	营销模式	决策链	销售流程线上与线下	是否进入客户核心业务流
黑客式	低于 1 万元	72 小时以内	2C、2C2B	单人为主	100% 线上	否
R2R 式	1 万~10 万元	2~8 周	B2B	多人	80% 线上 + 20% 线下	大部分情况否
导弹式	10 万~30 万元	8~16 周	B2B	复杂	50% 线上 + 50% 线下	大部分情况是
	30 万元以上	3~6 个月	B2B	复杂	20% 线上 + 80% 线下	是

分别用一句话概括每个模式。

- 黑客式是客单价较低的 SaaS 产品通过口碑形成快速增长的模式,增长曲线呈现 J 形。
- R2R 式是从线索到客户成功,不断优化 R2R 全流程的每个步骤及转化率,重点是提升营销流程的效率,实现持续平稳增长,增长曲线呈现抛物线型。
- 导弹式聚焦细分客户,通过场景应用解决方案深入用户核心业务流,通过不断优化解决方案和加速行业渗透效率,击穿细分市场并获得规模增长,增长曲线呈现阶梯型。

3种增长模式的增长曲线如图8-3所示。

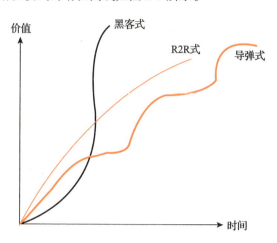

图8-3 增长模型的增长曲线示意图

1. 黑客式增长模型概述

黑客式增长模型的企业客单价在1万元以内,结单周期为0~72小时,这一类企业的SaaS产品价格相对较低,由于获客及转化的流程相对简单,因此结单周期短。这类SaaS企业更偏向于2C的营销模式。好产品,形成口碑式病毒传播,并借助高效的营销渠道,实现规模化的高速增长。

黑客式不仅适用于创业初期免费的SaaS产品,也适用于初期就收费的SaaS产品,通过增长实验不断提高营销效率,缩短结单周期。

黑客式增长模型下，企业关注的核心是产品，需要通过增长实验不断优化并提升产品的价值，同时提升价值传递给用户的效率，这样就能用好产品获得好口碑，用高效的价值传递撬动病毒式传播，带来J形增长，进而形成良性循环，启动增长飞轮。

2. R2R式增长模型概述

R2R式增长模型的企业客单价在1万～10万元，结单周期为2～8周，覆盖从线索到客户成功的销售全流程，是2B行业典型的销售流程。R2R中第二个R不是收入（Revenue），而是客户成功（Retention），客户成功意味着续费。

R2R关注的是销售全流程的优化和转化率的提升，需要借助自动化营销的理念和工具，目标是实现80%的销售流程在线上通过低成本的方式完成，剩下20%的销售流程通过线下的关键销售步骤完成。

3. 导弹式增长模型概述

导弹式增长模型的企业客单价在10万～30万元及以上，结单周期一般为3～6个月，也有到12个月的，属于2B典型的项目制业务。这类SaaS企业提供的专业服务已经进入客户的核心业务流。每个客户都有自己的核心业务，决策流程一定是复杂且需要比较长的周期去了解、验证、对比的。比如，对于大部分有产品销售压力的客户来讲，CRM就是可以影响核心业务的SaaS产品，采购CRM并不只是买一个工具，而是优化甚至变革企业的销售管理，采购和决策流程相对复杂。

由于这种SaaS产品已经非常专业，需要回归到2B用户的场景解决专业问题，因此初期专注细分行业，积累认知和经验是最佳策略。有了成功案例后，在垂直行业拓客的效率可以大幅提升。

行业内的大型企业通常存在了几十年,形成了行业内信息通路、组织、人脉节点。而这些都是很有价值的营销杠杆,包括行业协会、KOL、展会等。如果能很好地利用垂直行业的营销杠杆,企业就能实现营销阵地战的更高效率。

用炮弹炸出一口油井,要比挖 10 个坑有价值。2020 年年底我辅导了一家 SaaS 企业做增长。该企业之前的客户群涵盖 17 个行业,营收 4000 万元。我们经过分析,选出 3 个重点行业,2021 年开展深耕,只做这 3 个行业,其他机会一律拒绝。结果 2021 年的营收不但没有降低,还做到了 1.16 亿元,增长非常可观。CEO 觉得拨开了增长的迷雾,同时增长的胜利也极大激励了全体员工。

接下来,将具体介绍黑客式增长模型和相关案例。

8.2 选对模型,SaaS 企业才能快速增长

要增长,就要先回到业务的底层逻辑,去寻找匹配的增长模型。黑客增长模型是 SaaS 企业用低成本获得高速成长的增长模型。

8.1.1 节的增长关系式告诉我们,如果因为市场竞争,不能大幅提高客单价,那么企业要做的就是从销售全流程去提升获取效率。这其中可优化的节点非常多,如果优化了大部分节点并形成了迭代效应,就能实现显著的增长。

经过大部分公司的实践验证,客单价在 1 万元以内、结单周期小于 72 小时的 SaaS 产品适合黑客式增长模型。

8.2.1 黑客式增长模型

通过互联网基于用户行为数据进行实验,进而优化产品、渠道、价值内容并实现持续增长的模型就是黑客式增长模型。

1. 增长黑客之父

Sean Ellis 是业界公认的增长黑客之父。2008 年他负责 Dropbox 公司的业绩增长项目，仅用 14 个月，在没有任何传统营销、推广费用的前提下，就实现了用户数从 10 万增长到 400 万。

之后，增长黑客方法逐渐兴起，优步、推特、Airbnb、Yelp、Pinterest、HubSpot 等企业都使用该方法并取得了惊人的增长。

2. SaaS 黑客式增长模型

增长由众多因素构成，不同因素的权重不同。我们要用模型化的思维去掌握增长，这样才能让复杂的东西变得简单，成为可复制的方法论。

黑客式增长的突出特征是 J 形增长曲线，如图 8-4 所示。横坐标是产品的价值，数值越来越高，意味着产品对用户的价值越来越大，也就是更好的产品。纵坐标是用户数量，随着产品价值不断优化，用户的数量越来越多，并且用户数量呈现爆发式 J 形增长曲线。

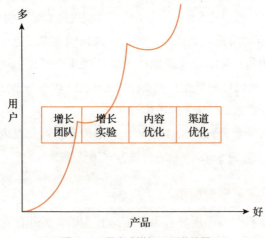

图 8-4　黑客式增长 J 形曲线图

黑客式增长是增长团队通过增长实验，不断进行产品优化、内容优化、渠道优化而实现的增长。增长团队是实现增长的关键组织，增长实验是增长团队每天的核心工作，而实验的结果是从客户数据中发现洞见，从而优化内容、渠道和产品。优化后的产品，通过内容和渠道触达更多的客户，客户通过体验更好的产品，实现了口碑和病毒式传播，引发爆发式的增长。

增长实验中，每个阶段爆发式增长的规模不一样，有的阶段增长规模小一些，增长曲线呈现小 J 形，有的阶段增长规模大一些，增长曲线呈现大 J 形。

8.2.2 黑客式增长适用企业的参考标准

黑客式增长一般适用于客单价低于 1 万元，结单周期在 0～72 小时的 SaaS 企业。下面我们了解几个关键财务指标。

1. ARR、MRR 与 CAC

SaaS 一般按照年度订阅收费，第二年客户续费，直到客户决定不再使用服务。SaaS 行业用 ARR 来计算年度营收，ARR 就是一年期的合同金额。当然每家 SaaS 企业的收费项目不同，财务计算原则上会存在一些细节方面的差别。

有的 SaaS 产品，因为客户按月订阅付费，所以会用 MRR 计算客单价，12 个月累加起来就是当年的 ARR。

客户获取成本（Customer Acquisition Cost, CAC）是一个运营周期内获取一个客户企业的一次性成本，成本主要包括营销与销售的费用。营销费用包含获客的外部支出和内部人力成本，人力成本主要包括市场、销售等执行获客的人员成本。

CAC=（营销费用 + 销售费用）/ 新增客户数

2. 哪些 SaaS 企业匹配黑客式增长模型

客单价低于 1 万元、平均结单周期小于 72 小时的 SaaS 企业适合黑客式增长模型。这是推荐值，不是绝对值，重要的是理解其中的底层逻辑。

首先看一组数据，2021 年我联合 SaaS 行业社群 ToB CGO 针对 10 个社群近 5000 位企业高层做了问卷调研。调查结果显示，平均结单周期为 3~6 个月的企业中，有 50% 的客单价在 10 万~30 万元，35% 的企业客单价在 1 万~10 万元，这两档构成了总体的 85%。值得注意的是，竟然还有 11% 的企业客单价低于 1 万元。

同样都是 3~6 个月，有的 SaaS 企业拿到了 30 万元的合同，而有的只拿到了几千元的合同。3~6 个月反映的不只是营销成本，更是高昂的公司运营成本。如果企业获得一个几千元的订单需要 3~6 个月，业务和正在采用的营销增长模型一定是不匹配的，或者该企业干脆就没有增长模型。事实也是如此，调研问卷中有一个问题是："您的企业是否有明确的增长模型？"这类企业中 95% 都回答：没有明确的增长模型。除此之外，这类企业的平均客户续费率也很低，仅有 50% 左右。

再看图 8-5，客单价小于 1 万元的企业中，59% 的结单周期为 2~8 周，23% 的结单周期在 72 小时之内。仍然有 18% 的 SaaS 企业结单周期在 3~6 个月。可见单位时间内，国内 SaaS 企业的盈利效率差别很大。

时间和获客成本成正比，第 2 章介绍的 PLG 典型 SaaS 企业初期的 CAC 基本为 0。这就是产品、价格、决策模式三者之间的重要关系，一定要互相匹配，SaaS 企业才具备增长的前提。

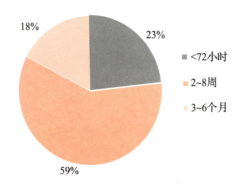

图 8-5 客单价小于 1 万元的 SaaS 企业的结单周期

3. SaaS 企业需要提高行业增长能力的基线

中国 SaaS 赛道里大部分是新公司，年营收过亿并且实现盈利的公司屈指可数，大部分 SaaS 企业仍处在摸着石头过河的阶段。当然，中国也不乏增长卓越的 SaaS 企业，只是同行业的企业彼此赋能尚不充分，还未能提高整个行业增长能力的基线。本书的使命便是帮助更多的 SaaS 企业，快速提升增长能力。

8.2.3 典型案例

Dropbox 提供基于 SaaS 的文件托管服务，用于文件存储和共享。该服务适用于各种平台，也可以通过多种设备访问。

Dropbox 采用免费增值业务模式，用户可以使用 Dropbox 创建免费账户并使用其有限的功能和存储空间，用户必须付费订阅才能获得更多空间。最初，免费增值账户为用户提供 2GB 的可用空间。Pro 和 Business 账户每天可使用 20GB 的存储空间。

以下是关于 Dropbox 增长的一些统计数据。

❑ 收入从 2012 年的 1.16 亿美元增加到 2014 年的 2.16 亿美元。

❑ 2014 年 1 月，Dropbox 以 100 亿美元的估值筹集了 2.5 亿

美元投资。
- 每 24 小时就有 20 亿个文件保存到 Dropbox 上。
- Dropbox 已经创建了 30 亿个共享连接。
- Dropbox 拥有超过 5 亿用户。
- 安装在 2.5 亿台设备上。
- 97% 的世界 500 强企业使用 Dropbox。

Dropbox 的登录界面极其简单,通过两分钟的视频清晰地展示产品价值,客户注册流程十分简便。Dropbox 仅通过创建产品的演示视频,在一个晚上就吸引了 7 万名客户。

Dropbox 的注册过程非常简单,三步即可完成。注册过程是通过桌面应用程序以及网络浏览器进行的。当用户在系统上安装 Dropbox 时,会出现一个照片文件夹和一个入门文本文件,帮助用户轻松上手。

据 Dropbox 联合创始人兼首席执行官 Drew Houston 介绍,经老客户推荐使用 Dropbox 的注册人数增加了 60%。客户在朋友圈推荐 Dropbox 可以获得额外的空间作为奖励,这种策略很快让 Dropbox 实现了病毒式传播。

Dropbox 做了一些与众不同的事情。用户在 Facebook 和 Twitter 上每次点击"追随"和"喜爱",都能获得 125MB 的存储空间作为奖励。

通过 Dropbox 共享文件的步骤非常简单,只需复制一个链接即可,这与 Facebook 的照片共享功能非常相似。

Dropbox 适用于多种平台,这使其成为一款重要工具。人们想要随时随地存储、查看、分享文件,随时随地可用就是 Dropbox 的价值关键。

8.3 要增长，先组队

增长团队像一个攻坚小队，重在敏捷、高效决策、立刻执行，不需要庞大的营销队伍也能撬动卓越的增长。这个增长团队每周都要冲刺做几轮增长实验，虽然大部分会失败，但是只要有一个实验成功，就能带来增长。

8.3.1 数字时代下的增长 5 人组

增长团队一般由 5 个角色组成，分别是增长负责人、产品经理、市场经理、数据分析师、程序员。

1. 增长负责人

增长负责人是增长团队的队长，是团队的管理者，他要懂产品、懂数据、懂市场，他的主要职责就是确定增长团队的核心目标和行动时间表。

一个企业设立增长团队，启动新的增长模式，都是对现有组织架构和工作方式的冲击，绝大多数企业的增长团队在初期都会遇到阻力，增长团队必须有一位来自企业高层的负责人，比如 CMO、CEO、COO。他可以调用公司的相关资源，同时有足够强的支持力，保障增长团队能够在摩擦中尽快进入增长的轨道。

如果组织结构比较扁平，建议使用 OKR，把增长目标设置为公司最重要的"O"，这样可以按照项目组的方式执行，让最懂增长的人做增长负责人。

大部分增长负责人都是从产品、数据科学、市场营销岗位转过来的。作为增长负责人，要能理解企业的业务和战略目标，将战略落地到每月、每周的增长计划。同时增长负责人需要很强的数据思维，从数据中发现实验的关注点，设计实验，并从实验数据中洞察产品的优化思路。

当然,中国市场掌握黑客式增长的专业人才并不多,引入新的人才或者前期寻找顾问协助,都是很明智的方法。

2. 产品经理

增长的目的就是优化产品,从大功能到一个按钮位置的优化。产品经理是增长团队的关键,在实际工作中,往往产品经理会直接担任该产品的增长负责人。

产品经理了解产品研发全过程,熟悉产品的功能细节。如果产品经理带着产品设计师一起加入增长小组就更理想了。产品设计师是专注用户体验的设计师,负责开发用户交互界面。功能是SaaS产品的核心价值,交互则是传递价值的方式。产品经理负责在增长实验的过程中优化产品价值,产品设计师则负责优化传递价值的方式。

3. 市场经理

市场经理负责对用户进行调研以获得用户洞见,同时要善于内容营销并且了解各种获客渠道。

市场经理往往是团队里最有创意的人,拥有增长需要的创新精神。他要了解不同内容如图片、文章、视频对传递价值的作用,也要熟悉搜索引擎优化、关键字、信息流等渠道的运作方法。

对于市场经理来讲,增长过程就是通过数据和实验了解产品与客户之间的接触点、互动行为模式,最后勾勒出完整的客户旅程。数据往往只能告诉我们结果,不能告诉我们原因,比如在产品首页加一条"已经有10万用户使用该产品",然后页面的激活率增长了500%。数据只告诉我们结果,但是我们更需要知道为什么。市场经理要跟客户进行一对一的沟通,会发现客户对新产品的使用首先要解决"信任"问题，而"已经有 10 万用户使用该产品"则解决了部分信任问题，属于典型的用户心理学中的从众心理。

这个例子相对容易理解，现实增长工作中却不那么容易做到。经常会遇到的情况是一个冷门功能是客户实际高频使用的功能，这就需要市场经理进行电话或者问卷调研，真正理解客户基于场景的真实使用行为。调研后确认客户的普遍需求，把这个冷门功能前置，一定会带来新的增长。

4. 数据分析师

数据分析师精通数据的收集、整理、分析，并从中汲取洞见和探寻新的实验灵感。数据设计师的段位决定了增长团队是在浪费时间还是在挖掘金矿。

增长团队的属性同实验团队。很多理工科背景的读者应该深有体会，实验的设计决定了实验的意义。而数据分析师的工作就是确保实验设置正确，统计的数据严谨有效，不同来源的数据要整合起来进行用户行为分析。把统计方法和归因方法用在实际业务中，确实是一个需要理论与实践高度结合的专业技能。

5. 程序员

程序员是编写代码让产品从概念变成工具的专业人才，虽然平日程序员都是按照产品经理的定义做产品，但是增长黑客的精髓就是软件开发和黑客精神。程序员的潜力在增长团队里得以释放，可以利用新的技术手段解决问题。可以这么说，增长团队及里面另外 4 位象征"增长"，程序员象征"黑客"，组合起来就是增长黑客。

8.3.2 如何消解阻力

虽然成功的增长实验能带来可喜的增长成果，但是做实验可不是一件容易的事情，往往十次失败才能换来一次成功。由于增长小组启动初期，无法避免先经过失败再获得成功，因此内部要给予理解和支持。

增长是一种企业文化，大家相信通过增长实验能实现增长，并且因为相信所以付诸持续的行动。增长的文化需要管理层做定期分享，进行全员的认知升级。有了增长成果后，也要让增长团队第一时间在企业内部分享。毕竟，在工作中，只要团队能打胜仗，困难向来都不是问题。

增长小组内部要把追求成功当作唯一原则。那么成功的原则是什么？桥水创始人瑞·达利欧从白手起家到掌管千亿美元资产，他以亲身经历告诉我们，失败的时候，看根本原因，解决差距，然后进步。

黑客式增长就是通过各种实验发现有效的增长方法。失败一定多于成功，每次实验失败或者无效时，不要匆匆开启下一个实验，而是要从数据中找到问题，通过客户调研找到根本原因，然后发现企业存在的问题，无论是产品端、组织端、营销渠道等，要从根本上解决问题。随着增长的发生，更重要的是实现企业的进化。

用成功的原则去执行增长实验，实现一个又一个增长，这就是消除摩擦最有效的办法。

8.4 好产品是增长的根本

衡量一个产品是否是好产品，可以向客户提 3 个问题。

第一个问题：这个产品解决了您工作中的问题吗？

第二个问题：如果明天您不能继续使用该产品，您可以接受吗？

第三个问题：您会现在就把这个产品推荐给其他同行吗？

如果对于以上 3 个问题，大部分客户回答"是，不行，会"，那无疑这是一款有价值的好产品。

在 SaaS 领域，衡量客户向他人推荐某企业产品及服务意愿的指标是净推荐值。

净推荐值＝（推荐客户数量－贬损客户数量）/样本客户总数量

净推荐值一般在 -20% 到 30% 之间，这个数值为正说明推荐的客户比贬损的客户多，越大说明产品越受客户喜欢，越多的客户愿意推荐给同行。《NPS 行业标杆报告》指出，软件行业的平均净推荐值为 13。

在中国 HR SaaS 赛道中，候选人管理系统赛道目前的净推荐值大致为 -10。意味着客户整体对相关 SaaS 产品及服务的满意度偏低，不推荐的客户多于愿意推荐的客户。这几年发展迅猛的头部企业 Moka 能做到净推荐值在 10 左右，这跟 Moka 公司"以客户为中心，以产品为根本"的创业理念有关。

做出成功的产品是一个复杂的过程，接下来从 3 个关键点详细介绍如何做一款好的 SaaS 产品并适合黑客式增长。

8.4.1 Pre 版和典型客户的价值

第 2 章介绍了黑客式增长模型的典型代表 PLG，PLG 要求 SaaS 产品上市时免费，ARR 在 1 万元以内的企业可以借鉴 PLG 企业的做法。

我发现国内大部分 SaaS 企业因为期待产品尽早上市，所以上市前的功夫往往做得不够。SaaS 界增长传奇 Slack 在 2014 年产品上市后 8 个月就成为市值 10 亿美元独角兽，可是上市前整整花了 14 个月打磨产品。

Pre版产品就是我们通常说的Beta版。Pre版被称作特权预览版，相比Beta版会让客户觉得这是已经完成的产品。被邀约体验的客户应该是种子客户推荐的陌生客户，或者是通过网站自主申请试用的客户，这类客户往往都是行业里喜欢创新的早期采用者。

黑客式增长下，客户体验是通过网站自主体验并注册使用开始的。Pre版测试的目的是优化产品，实现新客户能够在线自主激活。其中包括3个关键点——明晰的客户定位、简单明确的价值、0摩擦启动。

明晰的客户定位：通过Pre版明确这款产品的客户定位。什么场景下，企业中什么职能的人员使用该产品完成哪些工作，解决哪些问题。

简单明确的价值：客户能不能立刻明白眼前的产品提供的核心价值，需要用简单的一句话让客户理解，这句话应该呈现在产品跟客户第一次见面的首页上。

0摩擦启动：黑客式增长模型是所有增长模型中对0摩擦启动要求最高的。第2章已经非常详细地讲解了这部分内容，本节不再赘述。

8.4.2　找到产品的"啊哈时刻"

黑客式增长模型中，"啊哈时刻"是增长的起点，找到第一个"啊哈时刻"前，无法产生口碑的病毒式传播。

1. 什么是"啊哈时刻"

"啊哈时刻"是用户使用产品时眼前一亮的时刻，客户发现产品核心价值，并且明确该产品应该在什么场景下为其所用。

2. 找到"啊哈时刻"的3个行动

找到"啊哈时刻"有3个关键行动，分别是追踪活跃客户、开展高频的 A/B 实验、走进现实调研客户。

- ❏ 追踪活跃客户。客户千千万，在产品上市前的准备阶段，千万不要被各种各样客户的奇特需求而扰乱，这个时期应该重点关注活跃客户。追踪活跃客户的行为数据，对活跃客户进行电话回访，认识数据背后客户的行为和心理。
- ❏ 开展高频的 A/B 实验。A/B 实验就是设置一个对照组，一个实验组，修改产品的某个细节并观察一段时间的数据变化，利于增长的修改就是 A/B 实验后有效的迭代。
- ❏ 走进现实调研用户。对于执行黑客式增长的企业，从获客到留存，90% 的行为都是线上完成的，像 PLG 模式的 SaaS 企业从获客到留存 100% 是线上完成的。整个增长团队容易沉浸在屏幕前和数据中。数据背后有价值的客户洞见、行为模式，尤其是心理，往往需要在现实中跟客户面对面交流才能发现。

8.4.3 设计病毒循环

黑客式增长模型要在做产品的阶段就考虑产品的增长属性，要设计"病毒"循环。我们可以把黑客式增长简单理解成成本最低的增长，要争取在做产品的阶段就创造"原生病毒"，让分享的行为变成客户主动且一定会执行的行为。

Dropbox 团队针对推荐计划花费了很多心思，从欢迎界面到发送邀请、接受邀请，每个步骤极其简单而且有趣，客户在推荐新客户的过程中乐在其中，并实现了个人心理的需求。向读者推荐几部心理学著作：《思考，快与慢》《影响力》《行为设计学》。追求增长却不懂心理学，举步维艰。

病毒式增长有一个常见的指标——病毒系数，又称 K 因子。

病毒系数必须大于1，病毒式增长才能发生，即每位新注册的客户至少介绍一位新客户。

病毒系数＝客户发出邀请的数量 × 转化率 × 邀请频率

如果想要实现病毒系数大于1，就要在客户发出邀请的数量、转化率、邀请频次上进行多轮实验，然后做好产品的内置机制，最终产生病毒效应。

我们使用很多新的工具时，都会向亲友或同事发出多轮邀请。这些都属于原生的"病毒"设置，能否成功取决于产品是否简单好用，邀约机制是否合理、轻松又有趣。

8.5 制订增长计划

正式版的产品终于上市了，增长团队也整装待发，是时候制订增长作战计划了。增长就是做实验。实验的目的是验证那些跟增长相关的重要指标，也就是北极星指标和增长公式。哪些获客渠道有用且ROI高？筛选最优渠道也是目的之一。实验都是基于大量客户数据进行的，必须有一套数据管理系统。为了让增长团队的工作更有效率，增长看板（仪表盘）是日常必备的管理工具。

8.5.1 北极星指标

北极星指标如天上的北极星一般，是指引增长团队不跑偏的唯一标准。通过下面5个问题可以简单有效地找到北极星指标。

第一步，我是谁？
第二步，我提供的服务是什么？
第三步，服务的核心价值是什么？
第四步，这个价值和哪个指标正相关？

第五步，这个指标变好后，是否会带来更多的用户和收益？以 8.4.2 节介绍的找到"啊哈时刻"为例，如表 8-2 所示。

表 8-2 找到"啊哈时刻"示例

企业	飞书	Dropbox
我是谁？（定位）	办公协同 SaaS	云存储
我提供的服务是什么？	工作群信息沟通	提供云存储空间
服务的核心价值是什么？	提高效率，简化协作	方便存取
这个价值和哪个指标正相关？	消息人次总数	存取操作数
这个指标变好后，是否会带来更多的用户和收益	总消息人次增加，用户增加，营收增加	存取操作数增加，用户增加，营收增加
北极星指标	消息人次总数	存取操作数

8.5.2 增长与黑客式漏斗

有了北极星指标，也就有了前进的方向和目的地，现在还缺少一张地图，我们要按照这张地图前进，并在沿途做各种增长实验，不断迭代，以越来越高效的方式抵达目的地。

这张地图就是黑客式漏斗，流量进入后，潜在客户体验到产品"啊哈时刻"后被激活，持续地使用并成为留存客户，客户继续感受到额外的价值而成为付费客户。在这个过程中，大部分客户还会将该产品推荐给其他潜在客户，这就形成了病毒式传播。

黑客式漏斗就是增长地图，如图 8-6 所示，要根据漏斗的各个环节去做实验。客户的数量、各个阶段的转化率、客户推荐率、付费客户数量，这些指标都是优化的重点。当然这些指标变好的背后是解读客户数据、调研获取客户洞见、优化产品的结果。

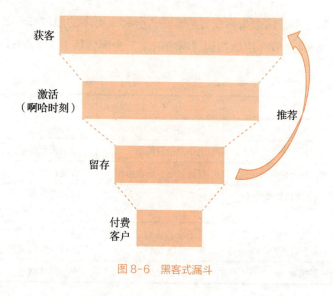

图 8-6 黑客式漏斗

8.5.3 筛选并测试最优渠道

黑客式增长仍然需要借助营销渠道进行传播和获客，PLG 模式的 Slack、Dropbox、Figma 在早期也使用了很多营销渠道，如 Facebook、Twitter、Google 等。国内营销渠道可以考虑 PC 端（如百度）、移动端（如微信）、社交平台（如微博、知乎）、信息流平台（如今日头条）等。对于黑客式增长，官网是大部分线索转化的着陆点，要完善官网建设，做好网站的内容建设以及 SEM 和 SEO，包括 PC 端和移动端。

黑客式增长的获客要关注 2 个关键点——线上和口碑。线上是产品价值传播的阵地，将优质的内容通过线上渠道传递给潜在客户，黑客式增长要在初期构建适合线上传播的内容矩阵。

表 8-3 是常用的 SaaS 内容矩阵，大部分属于企业所有，也就是创建并托管在可管理的服务器上，企业能够在其中加入自己的检测

脚本代码或者 SDK（Software Development Kit，软件开发工具包），用来监测用户数据。这部分工作由增长团队里面的程序员负责。

表 8-3　常用的 SaaS 内容矩阵

内容	企业提供	用户提供	官网	公众号	微博	知乎	专业媒体号	头条广告	微信广告	EDM[⊖]
文字类	√	√	√	√	√	√	√	√	√	√
图片类	√		√	√	√	√	√	√	√	
视频类	√	√		√	√	√	√	√	√	
线上会议	√	√		√						

同样的内容在不同渠道投放，可以测试不同渠道的 ROI。需要注意的是，内容和渠道需要匹配。我辅导的一家客单价在 5 万元的 SaaS 企业，先后测试了百度、今日头条、360 广告投放的获客成本（激活）ROI，分别是 215 元、89 元、320 元。

对于抖音这类短视频平台，很多 SaaS 企业也做过尝试，目前还没有特别成功的案例。业界对于短视频平台的获客共识是，在精准的 KOL 账号做内容投放的效果要比自建企业号的效果好。SaaS 企业自建企业号，想成为抖音、快手这些平台的头部号很难。短视频平台一般有小流量池、中流量池、大流量池，当一个号发布内容后，平台会放入小流量池测试，这里有很多号发布的内容，只有极少数胜出的内容才能被放到中流量池进行下一轮对比。SaaS 企业的目标用户和 2C 平台的巨量用户比，所占比例太小了，第一轮在小流量池里，就很难赢过娱乐属性的内容，很难出头。当然，不排除未来有创新的玩法，实现利用短视频平台引流。

⊖ EDM（Email Direct Marketing，电子邮件营销）是指企业向目标客户发送邮件，向其直接传达相关信息，以促进销售。

8.5.4 增长实验计划与看板

增长实验一般是一周执行一轮。实验基本流程就是循环七步——提出测试想法、排优先级、进行实验、分析数据、调研用户、优化产品、发布增长迭代版,如表8-4所示。

表8-4 增长实验周计划示例

元宇宙增长小组实验计划			北极星指标	XXX
实验周期	2021-10-W1		增长团队成员	组长A,市场经理B,产品经理C,数据分析D,程序员E
实验	想法	优先级	备注	
×××				
×××				
×××				

增长数据看板包括三部分核心数据——黑客式漏斗数据、北极星指标在实验中变化的数据、本次实验相关的数据。

建议读者在办公室用一面黑板墙作为专门的增长看板,把数据放到这里。如果经费充足就做一个大屏,把这些数据显示出来,成为增长数据仪表盘。

8.5.5 选择客户数据管理系统

增长团队的大部分时间是利用数据做实验,客户数据管理系统是必备的,最好在早期就一步到位,从获客到客户成功,全生命周期进行客户多维数据的管理。

1. 数据库关系图

管理客户数据,首先要有一张明确的客户数据库关系图。图8-7是一个典型的黑客式增长构建的客户数据库关系图。

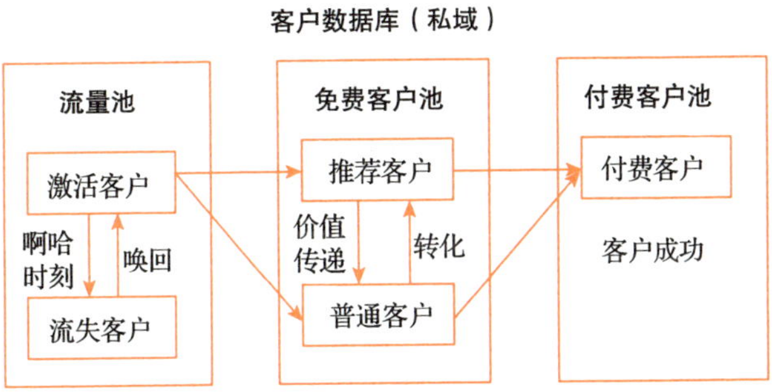

客户数据库（私域）

```
流量池            免费客户池         付费客户池
激活客户  →  推荐客户  →  付费客户
 ↑ ↓      价值  转化        客户成功
啊哈 唤回  传递
时刻
流失客户      普通客户
```

图 8-7 客户数据库关系图

- 流量进入流量池，一部分被激活成为激活客户，另一部分成为流失客户。流失客户的数据将被保留，根据激活客户的"啊哈时刻"再去唤回部分流失客户成为激活客户。
- 留存客户在免费客户池中，这里面有部分客户会推荐产品给其他客户，将他们放入推荐客户的小库中，其余是普通客户。要将推荐客户的使用场景及价值分享给普通客户，将部分普通客户转成推荐客户。免费客户中的部分客户持续感受到产品价值，进而成为付费客户。
- 在付费客户池中要做好客户成功，保证付费客户能持续付费，延长付费客户的终身价值，并从付费客户身上挖掘好的案例和故事，甚至邀请这些客户在社交媒体上分享他们的体验。

2. 数字化客户运营系统

市场上有很多种数字化客户运营系统。目前 CRM 更像是客户档案库，还称不上数字化客户运营系统，只能记录客户的信息和交易记录。

数字化客户运营系统是围绕客户进行数字化运营的。就像鱼池，养鱼就要喂鱼食，放入 1 万条鱼苗，繁殖后变成 10 万尾鱼。

数字化客户运营系统相当于鱼池，围绕把鱼越养越多而经营。相比之下，CRM更像鱼的档案库，主要用来记录鱼的一生。

通过客户数据平台（Customer Data Platform，CDP）我们可以获取各个触点数据，然后将各个数据打通，给客户统一打标签。这几年私域的概念盛行，CDP就是做私域客户数据的重要平台。

光有整理好的客户数据是不够的，还需要利用各种技术营销工具把数据变成更聪明的营销决策，如营销自动化（Marketing Automation，MA）、技术营销工具、目标客户营销系统（Account-Based Marketing，ABM）。这些工具的核心功能非常接近，而且各个企业都在不断升级产品的应用范围，选择时应注意工具要跟自己的业务适配，与营销业务的核心目标相吻合。

一般来讲，CDP加上一个技术营销工具就可以实现黑客式增长的基本需求，或者CRM加上一个技术营销工具也能满足七八成的需求。如果想100%满足需求，目前来讲只能选择定制化工具。建议读者邀请几家工具提供商做演示，只要能满足八成需求，就可以采用并启动黑客式增长。

8.6 实现增长

本节将概述黑客式增长模型的3个关键步骤——获客、激活、留存。

8.6.1 获客

新客的来源有2种，一种是通过向各种流量平台投放广告吸引流量进入企业的增长漏斗，另一种是来自企业自有渠道，如官网、企业公众号、App，也就是企业的私域。很多初创公司没有私域，需要先从公域引流。建议要有长远打算，尽早构建私域。

获客有 3 个准备工作：客户画像，获客渠道，获客内容。

1. 客户画像

客户画像和产品相匹配，体现的是什么职能角色会如何使用该产品。这些潜在客户的人口统计学数据是什么？行为和渠道接触点是什么？在产品的设计阶段进行客户调研就可以得到以上问题的答案。

由于黑客式增长的 SaaS 产品大部分属于通用型产品，因此潜在客户具有共通点。客户画像能做到基础信息即可，不用花大力气做复杂的客户旅程。R2R 式和导弹式的 SaaS 产品必须要做详尽的客户旅程，第 9、10 章会进行详细介绍。

2. 获客渠道

获客渠道是一个广义的概念，能够获取客户的都是获客渠道。社交媒体如 Facebook、微信这些比较直观，社群、SDR、销售人员也是获客渠道，如表 8-5 所示。

表 8-5 黑客式增长的渠道示例

自控渠道	病毒效应	付费渠道	病毒效应
官网营销/SEO	√	SEM、PPC⊖搜索引擎付费	√
内容营销	√	线下广告（楼宇广告牌等）	
SDR		流媒体付费广告	
销售团队		微信广告	√
应用商店优化	√	KOL 广告（微博、视频等）	√
自办会议	√	行业展会及大会	
邮件营销		社交媒体广告	√
用户推荐	√		
社群营销	√		
战略合作（互换流量）			
社交媒体自建站	√		

⊖ PPC（Pay Per Click，点击付费广告）。

3. 获客内容

获客内容要和获客渠道相匹配。下面举例概述获客内容的关键原则——内容与渠道匹配。

朋友圈广告是微信提供的一个精准投放广告服务，获客成本比较低。微信对注册用户均有标签系统，广告投放企业可以选择被投用户标签，比如男性、上海、30～40 岁等。虽然朋友圈广告相对精准，但是广告是以"一条朋友圈发布"的形式发布，如何通过这种简单的形式获得更高的转化率？

回答这个问题要回到做内容的基本功上。根据调研，现在用户的平均在线注意力只有 8 秒，要在 8 秒内吸引用户，用好的内容换取用户更多的时间，以及进一步的注册行动。目前普遍采用的方式是在广告投放前，在实验用户组里做几次内容测试，将胜出的广告投放在朋友圈上。

当下的营销工作要具备数据思维，黑客式增长更要有数据思维。数据思维就是通过实验，首先让数据告诉我们"什么是对的"，然后投放并将对的事情放大，实现规模化获客。黑客式增长的工作方法是先实验再放大。

8.6.2 激活

激活就是让客户真正使用产品。通过产品价值将客户激活，客户感受到的第一个"啊哈时刻"，就是客户的激活时刻。

激活有 2 个重点：0 摩擦、关键行为与"啊哈时刻"连接。

1. 0 摩擦

0 摩擦就是产品登录、注册、使用全环节没有阻力。这部分在 2.2.2 节有详细介绍，本节不再赘述。

2. 关键行为与"啊哈时刻"连接

只有当客户体验到产品的价值时，才能真正被激活。一个 SaaS 产品能带给客户的价值是多层面的。我们必须发现客户使用产品的初期行为，了解有哪些关键行为让他们体验到了产品的"啊哈时刻"，必须要让关键行为和"啊哈时刻"连接起来。

下面分享 3 个 SaaS 产品的"啊哈时刻"，看看增长负责人是如何找到"啊哈时刻"的。寻找"啊哈时刻"的方法很简单，就是三步：客户行为数据分析，实验，调研确定"啊哈时刻"。只有实践才能掌握找到"啊哈时刻"的方法，希望读者能从案例中构建寻找"啊哈时刻"的思维框架。

Wishpond 是一个专为增长而设计的平台，营销人员可以轻松创建一个登录页面或者小游戏，用来追踪潜在客户并展开营销。

Wishpond 的产品"啊哈时刻"是客户可以自主创建一个活动页面，无须技术人员支持。点击模板发布，简单编辑后就可以分享实时营销活动。以往需要 UI 设计和工程师团队支持才能实现的工作，现在无须编程，几分钟就做出一个活动页面，客户立刻喜出望外，体验到了价值。

Wishpond 增长团队通过漏斗分析和客户访谈相结合的方式找到了"啊哈时刻"，一方面是查看数据找出哪些操作会增加激活和留存，另一方面是与客户交谈，了解他们在产品中体验到的价值。

为了引导客户体验到"啊哈时刻"，Wishpond 还做了 3 件事：减少体验摩擦和完成任务的步骤（通过测试）；提供多个预设的流行模板，协助客户更快发布营销活动登录页面；在回答客户问题的实时聊天中设置自动消息回复，预先提醒客户"啊哈时刻"。

国外有很多订餐平台，Ordermark 对接绝大多数的订餐平台，并进行订餐的管理、运营和数据分析。

Ordermark 的第一个"啊哈时刻"就是餐饮店老板不用在不同平台切换订单信息了，看 Ordermark 就可以查看所有订单。第二个"啊哈时刻"是餐馆老板根据 Ordermark 的建议，接入新的订餐平台并在匹配的订餐平台做促销从而增加收入。第一个"啊哈时刻"是即刻感受到的，第二个"啊哈时刻"需要几周到一个月的时间，通过营收增长看到变化。

Ordermark 增长团队通过查看客户数据发现餐馆老板能够通过其他平台增加收入。为了增加客户黏性，Ordermark 还做了仪表盘，让餐馆老板管理在线业务所需的一切都触手可及，为他们提供强大的数据支持，以便在菜单设置和员工要求等方面做出更好的决策。

Cloud Campaign 是一个功能强大的内容管理平台，专为中小型企业和机构设计，为每个品牌提供内容图书馆，给所有内容打标签进行分类管理、快速筛查。它还能自动导入社交平台的内容，如博客、YouTube 频道、Shopify 商店或任何其他数据源，并可实现协作开发内容，让团队之间或者团队跟外部客户一起构建内容。

Cloud Campaign 的"啊哈时刻"是客户在产品上看到了自己品牌的 Logo。Cloud Campaign 在 8 个月的时间里采访了大约 500 名机构负责人，发现在 Cloud Campaign 产品上看到自己品牌 Logo 的客户更愿意支付订阅费。

Cloud Campaign 通过让每个客户手动定制产品体验"啊哈时刻"，实现了激活流失率低于 1%。

8.6.3 留存

客户生命周期和 SaaS 产品有多个接触点，如果不能让客户坚持使用，持续发现产品价值，成为推广者和续费客户，SaaS 企业就很难实现收支平衡。

1. 客户留存率的定义

留存率用于衡量一个时间周期，期末客户对比期初客户的变化情况。大部分企业为了精准计算，会按照一个周期订阅收入的变化来计算净收入留存率，以此代表客户留存率。

净收入留存率 =（期初订阅收入 − 升级增长收入 −

降级减少收入 − 流失损失收入）/ 期初的订阅收入

2. 客户净留存率

面向中小型企业客户的 SaaS 企业的客户净留存率如果能达到 90% 就是良好，而面向大型企业客户的 SaaS 企业的客户净留存率要达到 125% 才是良好。对于黑客式增长的企业，初期主体还是中小企业，用 90% 的客户净留存率来衡量即可。

下面列出一些知名 SaaS 企业的客户净留存率。

- Shopify：100%（以中小型企业客户为主）。
- HubSpot：100%（以中小型企业客户为主）。
- SurveyMonkey：100%（以中小型企业客户为主）。
- Dropbox：106%（包括中小型企业与大型企业客户）。
- Asana：130%（包括中小型企业与大型企业客户）。
- Zoom：140%（以中小型企业客户为主）。
- Slack：143%（公开上市的时候，以中小型企业客户为主）。
- Datadog：146%（公开上市的时候，以中小型企业客户为主）。
- Snowflake：169%（公开上市的时候，包括中小型企业与大型企业客户）。

3. 留存的意义

Profitwell 对 512 家 SaaS 企业的研究显示，留住客户比获得新客户投入的成本低 5 倍；将客户留存率提高 5%，可将利润提高 95%。

对于基于订阅收费模式的 SaaS 企业而言，留存客户是一项核心竞争力。由于 SaaS 客户生命周期中有多个产品接触点，因此如果客户不坚持使用 SaaS 产品、发现价值并成为推广者，就很难持续付费，SaaS 企业也就很难实现收支平衡并寻求增长。

4. 改善留存的日常工作

改善留存指标是增长团队的核心工作之一，这关系到企业能否盈利，那么增长团队针对改善留存要做些什么呢？

首先，增长团队需要明确哪些关键行为是影响客户留存的。显而易见，同样的工具不同客户使用有完全不同的效果，增长团队需要研究那些玩转 SaaS 产品的超级用户的关键行为，借此找到普通用户和超级用户之间的行为差异。不需要找到太多点，能找到 3 个关键行为就足够了。通过内置的引导程序将使用技巧小视频发送给普通用户。用户的相互学习是一个有效改善留存的机制，由用户带动用户成长是最聪明的留存逻辑。

然后，回到黑客式增长的根本，通过数据发现洞见，通过实验验证更好的留存方案，将其投放到更大的潜在客户群中，实现留存率的提高。通常，可以把客户根据标签分成不同的小组，测试各种留存方案，再通过测试数据判断哪个留存方案更有效。

8.6.4　A/B 实验与归因分析

黑客式增长的 SaaS 企业中，A/B 实验是每周都要进行的。想知道某个方案是不是有效果，那么就应该在 2 组客户上做实验，一组是没有执行该方案的，另一组是执行该方案的。

举个例子，为了促进增长，增长团队想了两句不同的首页广告语，计划在流量池里随机找出两组客户进行测试，每组 100 人左右。随后一周，两组客户看到的登录界面的广告语版本不同，对比两组客户的页面停留时间、转化率，从而判定哪个广告更有益于增长。

市场有一些专门做 A/B 实验的支持工具，如 GrowingIO、火山引擎、热云数据、神策数据、DataICC、友盟+、诸葛等。

8.7 商业成功

获得商业成功及盈利是 SaaS 企业长期追求的目标。虽然短期可以利用融资等手段维持运营，但是商业的本质是创造价值，而价值在市场经济中必然体现为盈利。

增长，无疑是 SaaS 企业追求的，本节介绍商业成功相关的定价法则和客户成功。无尽的增长不是我们唯一追求的，本节将分享一个我很喜欢的公司的故事。

8.7.1 定价法则优化增长

大部分 SaaS 产品的定价法则是自下而上的，先通过调研了解客户的付费意愿，再制定统一的定价策略。黑客式增长的 SaaS 企业的常见定价策略设置为免费、专业价格、VIP 价格。每个价格有对应的功能和服务。

定价主要基于产品价值而定，竞品并不是定价的主要影响因素。黑客式增长模式的 SaaS 产品大部分客单价低于 2 万元，主流产品是每个月几百元到几千元的订阅费，并且提供免费版本。价格不能成为竞争优势，只能靠产品价值脱颖而出。

定价公平合理，是影响客户激活率的因素。IPO 过千亿的数据分析 SaaS 平台 Snowflack 就颠覆了 SaaS 传统定价方式，并没有按月或者按年订阅，而是按照使用时长收费，客户觉得这种收费原则更加公平合理。

没有绝对统一的定价办法，只有绝对正确的定价原则——自下而上定价。

定价影响了一个企业的营收。可能有人会问,如果按照定价原则执行,企业不能盈利怎么办?如果不能盈利,就从以下两方面着手改善。

- 提高获客的效率,降低获客成本,这是由企业的组织力和营销进化能力决定的。如果企业的营销进化能力强,一般能够在达到瓶颈期前将获客成本降低到初期的1/3。
- 如果营销各个环节已经做到极致还不能盈利,那就要看看这个产品是真需求还是伪需求。一个真需求有强价值的产品,并且没有其他低成本替代方案时,市场法则一定会把企业的价值转换成营收回馈给企业,这是市场运作的基本规律。

8.7.2 客户成功优化增长

黑客式SaaS产品大多是支持性的产品,这类产品的客户成功不像那些进入客户业务流的SaaS产品能大张旗鼓地谈给客户创造了显著营收,解决了发展面临的巨大问题等。但是,回到小场景小应用,也能讲很多客户故事。

黑客式客户成功有3个衡量指标——客户终身价值、客户推荐率、客户成功案例。

客户终身价值用于衡量SaaS企业可以从客户那里获得的总收入以及客户注销账户前企业获得的累积收入,计算公式如下。

$$客户终身价值 = 客单价 \times 客户平均生命周期$$

一个SaaS企业客单价为2000元,客户平均生命周期是4.5年,那么客户终身价值等于2000×4.5=9000元。如果一个SaaS企业的月度经常性收入为200元,客户平均生命周期是3.5年,那么客户终身价值等于 200×12×3.5＝8400 元。

客户净推荐值是衡量客户体验满意度的指标，获取方式一般是在客户满意度问卷中列出一些针对产品和服务的问题，请客户选择满意、一般、不满意，或者从 1 到 10 打分。客户净推荐值计算公式如下。

客户净推荐值＝（满意客户数量 − 不满意客户数量）/ 样本总客户数

更推荐读者使用病毒系数或者老客户推荐率作为衡量指标。这两个指标统计简单，更能体现一个黑客式增长的 SaaS 产品是否具备增长力。

还有一个隐形的指标就是多少客户给 SaaS 企业提供了他们因为产品取得成功的故事。客户讲出来的成功故事才是真正的成功，而且客户分享的案例只要能传播出去，就是获客的最佳工具。

8.8 另一种商业成功

我们一直在讲增长，无限增长并不是唯一的追求，商业成功有很多种定义。下面分享 Basecamp 的成功哲学。

Basecamp 为企业提供办公协同解决方案，产品类似石墨文档，1999 年成立于芝加哥，到目前已经有 10 万家企业客户。每家客户无论是 10 人还是 1000 人，统一收费 99 美元一年。Basecamp 共有 54 名员工，平时每周最多工作 40 小时，夏天不超过 32 小时，一年营收 1000 万美元。54 名员工，没有加班，没有 KPI，甚至没有销售额相关的指标。

54 名员工实现 1000 万美元营收，人效相当高。对比很多营收在 1000 万美元的 SaaS 企业，员工大多都为 300～500 人。可见，Basecamp 真的是小而美！

Basecamp 唯一的企业目标就是回归本心，回归人的真实感受，做让客户最满意的产品。

Basecamp 核心文化一共 4 条法则，其中跟客户相关的法则是硬币法则。这是 Basecamp 从苹果的法国分公司借鉴过来的方法，意思是，当你遇到客户的投诉建议时，就像面对硬币的两面，一面上写着"小事一桩"，另一面上写着"世界末日"，不管你拿起哪一面，客户看到的一定是另一面。

这很好理解，遇到客户投诉时，工作人员越是觉得这是大事，在客户眼中，就越是小事。比如在饭店里，你发现菜上错了。服务员、领班、大堂经理，都来跟你道歉，好像出了天大的事。这时，你反而会觉得，小事一桩，不用那么在意。反过来，假如服务员只是冷冷地撂下一句"给你换"，你的用餐体验肯定不会太好，甚至会发怒要求退餐费，小事就变成了大事。

当面对硬币两面时，你会把哪一面留给客户？假如你希望他捡起那面"小事一桩"，你就要主动捡起那面"世界末日"。这就是 Basecamp 的硬币法则。

8.9 本章小结

本章详细介绍了黑客式增长模型的细节和案例，并简要介绍了 R2R 式和导弹式增长模型。

第 9 章将详细介绍 R2R 式增长模型并分享国内头部企业案例。建议读者按照顺序阅读第 8~10 章，这样能更深层次地了解 3 个模型的区别，并深刻理解 2B 营销增长的底层逻辑。如果读者能结合自己的从业经历形成关于 2B 增长的想法和观点，将获得双倍的收获。

第 9 章

SaaS 增长模型：R2R 式

R2R 式增长模型适合客单价在 1 万～10 万元，结单周期为 2～8 周的 SaaS 产品。本章介绍的 R2R（Raw lead to Retention，线索到客户成功）是 2B 行业典型的销售流程，跟传统 R2R 有两个不同之处。

- R2R 式增长模型的第二个 R 指的不是收入（Revenue），而是客户成功（Retention）。SaaS 产品的收费模式是订阅，本质是服务，客户续订才是业务的核心运营目标，客户留存才是销售流程的终点。
- R2R 式增长模型有个重要的定语——数字化。R2R 式增长模型的本质是效率最大化，通过数字化赋能销售流程提高效率，实现更强的增长能力。

R2R 式的 SaaS 产品一般不涉及客户的核心业务，不会像导弹式 SaaS 产品一样，销售流程受制于客户的采购流程，SaaS 企业可控度低，R2R 式的 SaaS 企业可以影响销售流程的大部分环节。在本土市场，客单价在 3 万～5 万元的 SaaS 产品，有的结单周期为 4 个月，有的仅为 4 周，差距相当大。很多 SaaS 企业更关注获客的数量，也就是线索的数量。事实上，R2R 整个流程的效率才是决定企业增长的核心。

我指导过的一家 SaaS 企业，客单价为 5 万元，之前结单周期为 12 周，经过 6 个月的优化，把平均结单周期缩短到了 6 周。在获客成本不变的情况下，环比半年业绩增长了近 3 倍。我们追踪销售全流程数据，优化客户体验旅程，通过数字化为销售流程中的每个互动点找到更优决策。简单讲就是 SaaS 企业执行更好更少的获客和孵化动作，推进潜在客户的销售全流程。

R2R 式增长模型关注的是整个流程的商机数量和转化率。这个过程需要使用自动化营销工具，经过优化，80% 的销售流程通过低成本的线上营销完成，20% 的销售流程通过线下的销售步骤完成。数字化思维和工程化思维，是数字化 R2R 式增长模型必备的底层思维方式。

中国大部分 SaaS 企业适合 R2R 式增长模型，例如财税、人事赛道的 SaaS 都可以采纳这种增长模型。

9.1 R2R 式增长模型

R2R 式增长模型使用各种营销自动化和 AI 工具，在数字化和工程化思维下，对销售全流程进行精益管理，实现更高效的业务增长。

图 9-1 是 R2R 式增长模型示例。一个年度营收在 3000 万元、平均结单周期为 16 周的 SaaS 企业，在工具的支撑下，利用数字化思维和工程化思维，优化线索到留存的增长量和转化率，全面提升组织营销效率，实现年度营收 3 亿元、平均结单周期 8 周的 10 倍增长。

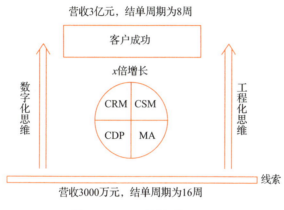

图 9-1 R2R 式增长模型示例

优化的直观结果就是营收体量更大，营销链路更短。体量代表营收，链路代表结单周期，用更短的时间换取更大的营收，提升价值交换的效能。

客单价为几万元的 SaaS 企业，既无法像 PLG 式企业那般靠病毒式传播快速获取巨量客户，也不能像导弹式企业那般将定价提高到几十万元或者上百万元，以长结单周期换取高回报。对于客单价为几万元的 SaaS 企业来说，提高效率才是生存之道。这里的效率即价值交换的效率。

客单价为 1 万~10 万元，结单周期为 2~8 周的 SaaS 产品更适合 R2R 式增长模型。

强调一点，如果是客单价为 1 万～10 万元的支持型通用 SaaS 产品，也就是没有进入客户核心业务的 SaaS 产品，结单周期超过 8 周，增长团队就要注意优化并缩减平均结单周期。

9.1.1　SaaS 企业盈利重要吗

一些业内人士认为，SaaS 是订阅模式，能否盈利不重要。这话只说对了一半。

虽然短期为了快速增长可以暂时放下盈利的目标，但是企业不能用"强融资"掩盖"弱组织力"。增长从"知道"到"做到"取决于 3 个能力——战略力、组织力、文化力。战略力决定了"知道"与否，而组织力和文化力决定了能否"做到"。本土很多增长能力突出的 SaaS 企业都在创立 5 年内达到了营收过亿元，并且实现正盈利，比如帆软、Moka、云学堂、红圈营销、微吼等。

对于那些年度营收增长很好但还未盈利的企业，若问 CEO 当下最大的挑战是什么，回答都会包含员工数量增加太快，组织效率难以提升。从这个层面来讲，SaaS 企业能否盈利，在任何时候都是重要的！

9.1.2　SaaS 企业需要高效增长

一组国内 SaaS 企业调研数据显示，客单价在 1 万～10 万元的 SaaS 企业中，58% 的企业平均结单周期为 2～8 周，38% 的企业为 3～6 个月，4% 的企业为 6～12 月，如图 9-2 所示。图 9-3 是平均结单周期为 2～8 周的 SaaS 企业对应的客单价分布，56% 的企业客单价是 1 万～10 万元，40% 的企业客单价低于 1 万元；4% 的企业客单价为 10 万～30 万元。

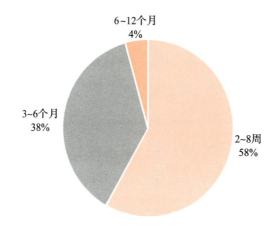

图 9-2 客单价为 1 万～10 万元的 SaaS 企业对应的结单周期

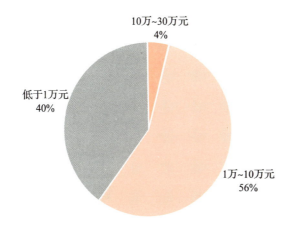

图 9-3 平均结单周期为 2～8 周的 SaaS 企业客单价分布

这两组数据对比来看是很有价值的。4% 的企业能实现客单价在 10 万～30 万元，结单周期为 2～8 周，取中位值计算价值交换效能是 13.3 万元 / 月。对比客单价为 1 万～10 万元的 SaaS 企业，根据中位企业的数据进行分析，如表 9-1 所示，有的企业的平均价值交换效能是 3.3 万元/月，而有的企业只有 0.6 万元/月，相差 5 倍之多。这么大的差距到底是由什么造成的？一个 SaaS 企业如何获得高效增长？接下来将介绍 R2R 式增长模型，帮助 SaaS 企业掌握高效增长的方法。

表 9-1　SaaS 企业价值交换效能对比

价值交换效能	客单价/结单周期/（万/月）
2～8 周，10 万～30 万元	13.3
2～8 周，1 万～10 万元	3.3
6～12 个月，1 万～10 万元	0.6

9.2　R2R 式增长模型结构

本节介绍 R2R 漏斗模型、增长方程式、增长工具和增长思维，并通过示例介绍实现 R2R 式增长应具备的组织力。销售漏斗是销售精益管理，是一种先进的方法论。增长方程式则是介绍在精益管理的方法下如何将增长落地，了解增长要素之间的关系和对增长的影响。R2R 式增长的实现需要工具，需要被自动化和 AI 赋能。实现增长要求执行团队拥有符合数字时代特征的增长思维。

9.2.1　R2R 漏斗模型

图 9-4 是 R2R 式增长模型对应的销售漏斗，由于客户成功是 SaaS 业务的关键，因此客户续费又分三档——增购的活跃用户、续费的忠诚用户、转介绍的高净推荐值用户。

销售全流程管理也被称作销售漏斗管理，详细内容在 5.2.1 节介绍过了，此处不再赘述。

销售全流程管理的意义有 3 个：让组织从割裂到统一，让增长可量化，让未来可预测。

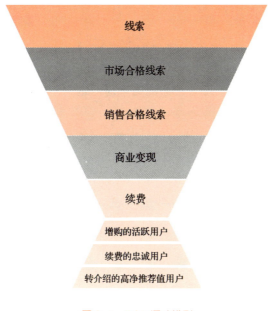

图 9-4 R2R 漏斗模型

1. 让组织从割裂到统一

一家企业的增长靠谁拉动，靠 CEO、靠市场，还是靠销售？客观事实是任何一个部门都很难拉动另一个部门。R2R 销售流程将各个部门连接到了一起，市场部负责获客和孵化，销售部负责签单，客户成功部负责交付和客户留存。R2R 销售流程管理让分散的营销工作变得井然有序，各司其职又紧密合作。

2. 让增长可量化

R2R 销售流程管理实现了可量化的指标——RL 的数量、从 RL 到 MQL 的转化率、MQL 的数量、从 MQL 到 SQL 的转化率、SQL 的数量、从 SQL 到 Rev 的转化率。以前只能看到订单的金额，现在各个部门的贡献都可以被衡量和量化。

3. 让未来可预测

经过一段时间运营进入稳定期后，企业就可以根据数据预测未来的营收。比如 SaaS 产品的结单周期是 2 个月，当下的 RL 数量就可以预测 2 个月后的营收。

当然，反过来应用也可以。比如企业希望 12 月有 200 万元的营收，那么市场团队在 10 月之前就应该获取 2000 万元的 RL，或者 10 月 RL 保持 1000 万元不变，要做到 12 月 200 万元的营收，就要把从 RL 到 Rev 阶段的整体转化率从 10% 提升到 20%。可以根据漏斗数据和业务目标，更精准地调整营销团队短期的工作重点和目标。

9.2.2　R2R 增长方程式

R2R 增长方程式如下。

$$增长 = RL \times 转化率（RL\text{-}MQL） \times 转化率（MQL\text{-}SQL） \times 转化率（SQL\text{-}Rev） + Ret$$

该公式展示了增长和增长因素之间的关系列出增长方程式的目的是让增长目标落地，方程式能体现出增长从哪来、由谁去拉动。

要增长，首先要获得源源不断的线索，这个过程就是获客。由于客户的行为向线上迁移，而且线上的营销成本较低，因此 R2R 式主要通过开展线上营销获得线索，目前被验证最有效的方式就是内容营销、搜索、社交媒体的集客式营销获客，让客户主动找上门。

有了线索，就要将其一步步转化成为订单。每个转化率都对结果有关键的影响。比如从 RL 到 MQL 阶段的关键是让潜在客户了解产品场景化应用的图文或者小视频，让潜在客户能够将 SaaS 产品和自己的工作进行关联。要想提高转化率，就得不断去发现哪些内容和营销行为能在该阶段更有效地转化用户，这样转化率才能一步步提升。

举个例子，有一位负责市场的人向我咨询，怎么才能让客户更快地在体验产品的过程中感受到价值。我问："您知道潜在客户同行业的老客户，平时用得最多的功能是什么？有客户的行为数据吗？"他答："不知道，市场团队看不到客户成功团队的数据。"其实，老客户用得最多的功能，往往就是能让潜在客户即刻感受到产品价值的功能。

R2R 营销首先要在公司内部打通数据，让各个部门都能看到用户数据，每个部门有关键指标看板。这样，我们就能通过数据挖掘洞见，指导营销方案。SaaS 企业被先进的精益管理和数据化赋能，将 80% 的销售流程转移到成本更低的线上完成，营销团队通过用户数据获得及时反馈，可以测试不同营销方案的效果，从而小步快跑，不断迭代营销效率，提升转化率。此外，大部分优化都是不需要额外投入成本的。

9.2.3 增长工具

实现 R2R 式增长需要工具赋能，本节介绍 4 种重要工具。

- CDP（Customer Data Platform，客户数据平台）收集不同来源的客户数据，并对客户统一打标签、整理。
- MA（Marketing Automation，自动化营销）提供各种营销内容的分发和追踪，了解客户的行为，用于获客和孵化，MarTech、营销云等都属于 MA。

- CRM（Customer Relation Management, 客户关系管理）是R2R的流程管理工具，派发线索给销售进行跟进反馈，在组织内落实销售流程管理。
- CSM（Customer Success Management, 客户成功管理）跟CRM打通，对已经签约的客户进行全生命周期管理，实现客户成功和续费。

如果有条件，也可以采用商业智能（Business Intelligence，BI）系统。选择BI系统一定要验证是否符合自己的业务模型。BI系统是基于大数据和AI形成的决策模型，2B行业的业务模式并不统一，BI模型不具备通用性。当下2B领域的BI工具处于从1.0到2.0的发展阶段，只能先对数据进行清洗和整理，再陈列数据，还不能针对业务决策模型产生更聪明的营销决策，仍然需要让数据分析人员和营销团队一起分析数据后形成营销决策。

看起来有点复杂，这是有历史原因的，CRM已经存在二十多年，CSM是这几年才有的工具。CRM + CSM是R2R的流程管理工具，由市场、销售、客户成功部门一起实现R2R全流程在组织内落地。MA是获客和孵化工具，主要是市场团队使用。CSM主要是客户成功团队使用。CDP是管理用户数据的数据库，属于基础设施。4个系统打通，方能实现R2R式增长。

9.2.4 增长思维

我们必须深刻认识到，当下正值数字时代和工业时代交替，营销方式正在进行效率跃升，而效率跃升的本质是技术和思维的升级，其中的重点与难点就是具备数据化思维和工程化思维。

1. 数据化思维驱动增长

数字中国带动企业全面的数字化转型，在增长层面，不局限于财务指标的数字化,而是各个增长因素的全面数字化。

业务数据的颗粒度越来越细,从财务数据,到用户数据,再到用户行为数据。用户行为数据从以前只统计年度采购数据,发展为获取实时互动数据,到如今管理客户全生命周期的结构化数据。

评估企业增长需要从产品数据、营销数据、运营效率数据等多方面衡量。

数据化思维对于 R2R 式增长模型特别重要。数据化思维就是将增长的因素数据化,洞察数据运营增长。能用数据解释工作就表明具备数据化思维。

2. 工程化思维驱动增长

工程化是数字化增长的伴侣。数据是生产材料,有了数据,企业可以做出更聪明的决策,这就需要工程化思维来重新构建增长。工程化思维就是把事物结构化,从而实现可衡量的优化和预见。

R2R 式增长模型不同于传统的销售流程管理,销售不能只跟进订单,而是要以客户为中心,不断通过客户数据提供的洞察优化企业营销行为(包含产品性能),从而提高 SaaS 企业的增长效率。

9.2.5 不一样的组织力

R2R 要的是统一联合的组织力,而不是协作割裂和信息"孤岛"。要实现增长就要有一个负责 R2R 全流程的负责人。该负责人要制定增长的目标并把目标分解到流程的各个节点,要制定阶段优化目标,协调内部资源,带领团队实现增长。

举个例子,Expedia 是在线订机票、酒店、租车的平台,在 2012 年因为客户下单后找不到行程单的问题,接到了 2000 万个投诉电话,客服成本 1 亿美元。该问题的解决方案很简单,技术人员把行程单的位置换到首页即可,可是为何公司要为此损失上亿元成本?原因很简单,客服团队接听电话,电话越多,体现客服部门的价值就越大,他们根本不认为这是个问题。客户找行程单是售后问题,归客服团队负责,市场部和销售部自然也觉得跟自己不相关。营销流程需要有一位站在更高角度去审视全流程的负责人。

要在组织内打通的数据包括客户数据和运营数据。举个例子,市场人员想把一个 MQL 孵化成 SQL,这个阶段主要是让客户体验到产品的价值,往往需要通过在线演示完成。市场团队经常会有的疑问是:产品功能那么多,到底演示哪些功能可以打动潜在客户?这时候市场团队需要来自客户成功团队的客户运营数据。这些数据可以帮助市场团队设计出更好的孵化方案。

市场运营团队的主要职能是获客和孵化,需要的技能包括内容营销、活动营销、数字化营销。市场运营人员要善于进行数据分析和营销测试,也可以由数据分析师按照每个部门的需求定期出分析看板和报告。

有经验的销售运营负责人往往能发现客户成功和销售行为之间的关联。举个例子,我辅导过的某家 SaaS 企业发现支付全价的客户的续费率比享受打折的客户的续费率高出 15%。深入研究后发现,因为那些支付全价的客户会更在乎自己的投入,所以在培训阶段更认真,让自己的员工一定要把这个 SaaS 工具用好。这时候,销售运营负责人可以联合客户成功团队,给客户提供一个双赢计划,比如"全价客户,前 3 个月完成学习并启动关键功能,可以奖励额外 2 个月的免费订阅"。这个计划既可以提高营收,也可以提高续费率。

9.3 R2R 式增长模型落地

对 R2R 模型有了完整的认知后，本节介绍 R2R 式增长模型如何落地，让企业进入规模化持续增长的道路。

9.3.1 目标与增长看板

企业启动增长项目首先要确定增长目标。增长目标并非越高越好，踮着脚够到的目标才是好目标。一般是根据团队当下的增速设定一个具有挑战且有机会实现的目标，可以每 1~2 个季度进行一次迭代调整。一般营收达到 1000 万元之前，企业的增速特别快，超过千万元后渐渐进入稳步增长期。国内客单价在 1 万~10 万元且增长比较好的企业，可以连续保持 200%~300% 的增速。

增长目标确定后，要根据企业的实际情况进行目标分解，制定关键数据看板和优化执行计划。为了让大家更好理解，下面使用 YQ 公司举例。

YQ 有一款主打产品，客单价为 5 万元/年，有增购服务。当下平均结单周期为 12 周。2021 年 ARR 为 500 万元，2022 年 ARR 目标是 1500 万元，其中 600 万元来自老客户续费，另外 900 万元为新增合同收入。900 万元新增合同收入意味着要有 180 个新客户订单。

如表 9-2 所示，根据目标 180 个新增客户，反推出对应的转化率和 SQL、MQL、RL 的数量。如果按照 2021 年的转化率不变，那么完成 2022 年的目标需要 18 000 个 RL。如果转化率也相应提升，那么需要 6000 个 RL。经过团队商议，确定了 2022 年的增长目标：RL 为 6000~8000 个，从 RL 到 MQL 阶段的转化率为 15%，从 MQL 到 SQL 阶段的转化率为 30%，从 SQL 到 Rev 阶段的转化率为 50%。

表 9-2　YQ 公司 2022 年增长目标分解

YQ 公司	2021 ARR	2022 ARR	2022 续费	2022 新增	
客单价 5 万元	500 万元	1500 万元	600 万元	900 万元	(新增 180 个客户)

		RL	%	MQL	%	SQL	%	Rev	
A	按照 2021 转化率从 Rev 反推各个阶段线索数量	18 000	10%	1800	25%	450	40%	180	个合同
B	2022 增长目标测算	6000	20%	1200	30%	360	50%	180	个合同
C	最终团队商议后确定目标	6000～8000	15%		30%		50%	1500	万元

2022 增长目标：ARR 从 500 万元增长到 1500 万元	
市场团队	6000～8000 个 RL，转化率目标：15%、30%
销售团队	转化率从 40% 优化到 50%
客户成功团队	NDR 不低于 120%

将目标分解到各个团队，市场部负责通过营销产生 6000～8000 个 RL，同时需要提高孵化质量，将从 RL 到 MQL 阶段的转化率由 10% 提高到 15%，从 MQL 到 SQL 阶段的转化率由 25% 提高到 30%。销售团队负责提高结单能力，将 SQL 到 Rev 的转化率从 40% 提高到 50%。客户成功团队负责 NDR，实现 NDR 不低于 120%。

这样，每个团队都有了明确的目标，努力的结果直接体现在数据上，可以用数据来衡量。增长目标不再是一句口号，而是分解到每个团队、每个人头上的任务，让每个人明确具体做什么能让企业的增长目标落地。

9.3.2　客户旅程

有了目标后要绘制客户旅程。SaaS 的本质是服务，要始终以客户为中心。本节主要介绍从 RL 到 Rev 阶段的客户旅程。营销团队的工作集中在从 RL 到 Rev 阶段，SaaS 企业要高效完成 R2R 式增长，就要进入精细化管理运营，努力让营销流程的 80% 在线上完成。

1. 两个流程

数字营销客户旅程包含销售流程和客户认知流程。销售流程是站在企业的角度，客户认知流程是站在客户的角度，只有客户对 SaaS 产品及品牌的认知向前移动，销售流程才能推进到下一个阶段。

2. 价值传递

打通 2 个流程，要把销售流程和客户认知流程连接起来，这样企业才能推动客户走进企业的营销漏斗。只有价值传递才能将两个流程打通。

价值传递包含 4 个关联内容，分别是价值内容的传递形式，传递渠道，给客户带来的认知和感受，激励客户采取行动。

如图 9-5 所示，在意向阶段，也就是销售流程的 RL 阶段，对应客户认知流程的 Aware 或者 Appeal 阶段，这个阶段图文内容的转化效果最好。到了考虑阶段，也就是销售流程的 MQL 阶段，客户认知流程的 Ask 阶段，白皮书的转化效果最好。到了购买阶段，也就是销售流程从 SQL 到 Rev 的阶段，客户认知流程的 Act 阶段，案例研究的转化效果最好。

这个结果非常符合认知。在意向阶段，客户需要简单明了地知道企业是做什么的，产品价值是什么。他们不会花太多的时间研读白皮书，图文介绍往往最有效。在考虑阶段就是要深度学习，思考自己该如何用这个工具，哪个供应商更专业，一份内容客观详尽的白皮书无疑是最有价值的。到了购买阶段，客户的关注重点是"我做了一个英明的决定吗",此时同类客户的真实案例是最好的参考,包括第三方评测等都是帮助客户降低采购风险的有利内容。

内容类型	意向阶段	考虑阶段	购买阶段
图文	Top1: 73%	21%	6%
案例研究	18%	42%	Top1: 40%
电子书	56%	39%	6%
线下活动	35%	33%	32%
官网	57%	35%	7%
视频	54%	40%	6%
网络研讨会	36%	47%	17%
白皮书	34%	Top1: 53%	14%
其他类型内容	36%	37%	27%

图 9-5　客户旅途不同阶段对应的最有效的内容形式

3. 绘制自己企业的客户旅程

客户旅程不能照搬成功案例,建议每家企业绘制自己的客户旅程。先画两条流程——公司的销售全流程和客户认知流程。然后通过实际调研和测试,确定每个阶段用什么内容,通过哪个有效渠道,改变客户的哪些认知和感受,激起客户的哪些行为,走向下一个销售阶段。通过内容、渠道、感受、行动将两个流程连接起来,形成客户旅程,也是营销团队执行营销的基础地图。这就是以客户为中心的 R2R 式增长模型的作战地图。

9.3.3 规模化获客体系

规模化获客主要通过集客式营销让客户主动找上门。本节介绍 3 个被验证有效的方法：搜索营销、社交媒体营销、内容营销。

1. 搜索营销

使用搜索功能的潜在客户往往在已经有了明确的需求后才会主动查找供应商，这种线索基本到了 MQL 或者 SQL 的阶段，质量较高。搜索营销分为付费和免费。

SEM（Search Engine Marketing，搜索引擎营销）包含免费的 SEO（Search Engine Optimization，搜索引擎优化）和付费搜索。SEO 通俗讲就是优化企业官网，比如在客户搜索时，官网能出现在搜索结果的第一页，这需要懂得搜索网站的算法，这样才能有针对性地优化公司官网。付费搜索是指关键词投放或者广告投放，也需要不断测试，花最少的钱买最有用的关键词，带来更高质量的客户。

企业做 SEM 的核心目的是让潜在客户搜索后被吸引留资。除了关注技术层面，还要关注营销层面的价值传递是否精彩和 CTA 是否有效。

价值传递精彩的意思是，搜索引擎广告投放要吸引客户，即便公司网页展示在搜索的第一页，也要将企业的价值传递做得足够精彩，才能让客户点击了解详情。

CTA 有效的意思是，投放广告的目的是获客，需要让客户留下联系方式，当客户被吸引后就要尽快引导客户留资。

营销类的 SaaS 企业占了整个 SaaS 行业的 15%～20%，比例居首，我们用百度做一个随机搜索分析，搜索关键词为 scrm，搜索时间 2021 年 12 月，百度展示如图 9-6 所示（纯属随机案例，不含任何指向性建议和意见）。

我们从价值传递角度解析以下案例。

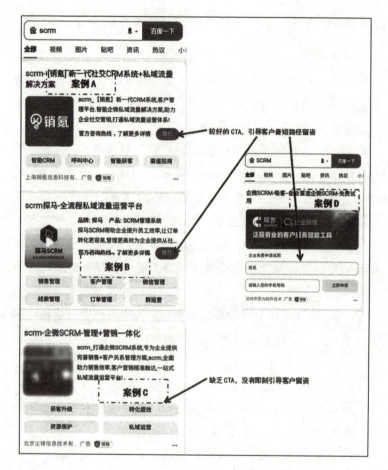

图 9-6 搜索结果示例

- 案例 A，销氪传递关键信息：新一代，社交营销打通企微私域。
- 案例 B，探马传递关键信息：提升员工效率，让订单转化更容易。
- 案例 C，北京尘锋：打通企微一体化，助力提升销售效率，实现客户营销精准触达的私域平台。
- 案例 D，深圳思为：企业微信 SCRM，泛服务业的客户服务赋能工具。

从价值传递来看，4 个案例各有特色，相比而言案例 B 较好一些，因为是站在客户角度传递价值：让订单转化更容易，提升销售效率。这样的词让客户容易理解，也能很快链接到他们采购 SCRM 的核心痛点。案例 A 和 C 的文字描述更偏向站在 SaaS 企业的角度谈"我是谁"。案例 D 明确其提供的产品适合泛服务业的客户，虽然目标客户定位清晰，但是"服务客户赋能工具"这个描述含义不明，客户会疑惑，不知道这是一个 SCRM 工具还是一个 CSM 工具。

究竟什么样的价值传递工具更好，需要经过测试才能知道。营销优化过程本来就是分析、推测、验证、扩大的过程。

总结一下，搜索营销需要专业人士或者代理机构来做，企业在做搜索营销的时候不能只关注技术层面的优化，也要在投放内容上仔细打磨，包括实现有创意并站在客户角度的价值传递和让客户最短链留资的 CTA 功能。

2. 社交媒体营销

随着互联网和数字化的发展，2B 领域客户的整体行为向线上迁移，社交媒体营销已经成为现在大部分企业的标配。社交媒体既有特定人群的社区属性，也有传统媒体的特性。社交媒体在 SaaS 企业冷启动，同时具备获客和品牌持续宣传两方面的价值。

神策数据的创始人桑文锋分享，初创团队由 10 个工程师和 1 个设计师组成。公司成立 5 个月后对外发布产品，当时只有几个种子客户，团队也无法区分市场、销售、商务，也不知如何获客。正好有朋友推荐了 36 氪的记者，经过几轮沟通后，神策新品软文终于通过并发表。团队本来预期一周有 100 个申请试用，没想到软文发表当天晚上就超过 200 个申请，当周收获近 500 个申请试用新客户。神策团队的士气也一下子被调动了起来。

3. 内容营销

内容营销是 R2R 营销的关键，因为价值通过内容传递，横穿整个客户旅程。内容营销是一项系统工程，下面只介绍内容营销框架和 2 个关键点。

（1）内容营销框架

内容营销框架包括内容生产、内容分发、效果评估、内容团队。内容营销框架包含生产什么内容，这些内容该通过什么有效渠道分发出去，分发的效果如何客观衡量且能引导并产出更优质的内容。

（2）内容营销的 2 个关键点

1）根据客户旅程做内容

企业不是为了做内容而做内容，做内容的目的是将客户认知推进到下一个阶段，同时客户线索进入销售流程的下一个阶段，内容要按照客户旅程来设计和制作。常见的 B2B 内容如图 9-7 所示，营销团队要把这些内容合理地设计到客户旅程的各个阶段。

举个例子，销售流程从 MQL 到 SQL 阶段，对应客户认识 Ask 阶段，这个阶段需要什么内容？回答这个问题，我们首先要回到客户视角，找到这个阶段客户的核心需求。这个阶段的客户已经有明确的产品采购需求，需要解决 3 个关键问题。

❑ 你的产品到底能不能解决我的问题？
❑ 我采购这类产品是聪明决策吗？
❑ 如何让团队上下支持我？

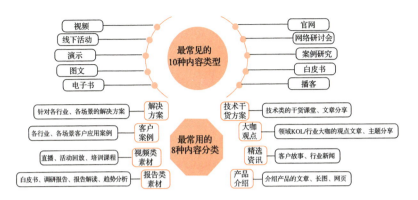

图 9-7 B2B 领域常用的内容

这个阶段营销团队制作内容,就要围绕这三个方面进行。白皮书是很好的专业内容,会告诉客户采用该产品是大势所趋,很多企业因为使用该产品已经获益。另外要提供该潜在客户同行业老客户的案例,可以是新闻报道的形式,可以是小视频的形式,也可以是图文的形式,目的是告诉潜在客户:你们业务一样,痛点相似,他的问题解决了,你的问题也一样能被解决。该阶段还可以提供产品曾获奖项或者第三方评估报告,来证明公司是该领域的头部企业,产品对于客户来讲是明智的选择。

内容并非越多越好,应少而精,有用才是关键。一般我建议营销团队每个阶段有 3 个有效的高质量内容就可以了。

2)内容评估体系

数字化时代,最妙的一点是绝大多数的营销行为能被数据记载。既然有数据就能做评估,内容营销要建立完整的评估体系。

内容有短期、中期、长期价值。短期价值是立刻能看到的阅读量、转发量;中期价值是该内容给企业带来的线索以及最后多少线索转化成了订单;长期价值是指内容的价值呈现长尾效应,也就是内容发布后，初期触达大量客户，但是后期仍然会持续触达少量客户，长年累月累积下来，数量可观。内容长期价值除了能持续带来线索外，还对品牌发展有积极贡献。

每个企业可以结合当下业务重点来制定内容评估体系，图 9-8 是内容营销价值计算公式，供读者参考。

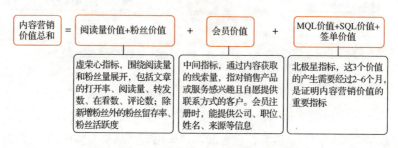

图 9-8　内容营销价值计算公式[○]

9.3.4　孵化体系

孵化是营销团队最重要的工作。不少市场负责人向我寻求建议，他们最大的困扰是，市场团队将辛辛苦苦获取的线索提供给销售团队，销售团队却反馈线索质量太差，逐渐不再支持市场团队的获客行为。造成这种现象的本质原因，是市场团队没有做孵化工作。

无论搜索活动还是营销活动，所获取的线索里面包含各个阶段的线索，其中 SQL 阶段的线索不超过 5%。而只有 SQL 阶段的线索才是销售团队应该跟进的，市场团队如果一股脑把 100 个线索都发给销售团队，而销售团队跟进这 100 个线索需要花费几周，其中只有不到 5 个是 SQL 阶段的线索，虽然市场团队的工作有价值，

○ 图片来自致趣百川。

但是对于销售团队来讲95个线索是没用的，相比于只有5个是有用的，销售团队肯定无法给市场团队认可和持续的支持。

市场团队需要孵化这些线索。由于1万～10万元SaaS产品平均结单周期在2～8周，因此从RL到SQL阶段的孵化仅需要4周。将能转化成SQL线索的第一时间派发给销售团队，不能转化的就退回到数据库，打好标签，未来再激活。

孵化一般分为三步。

第一步，给线索打标签，内容团队针对潜在客户的标签推送对应的内容，一般周期为1～2周，每个潜客发送2～4次就可以。

第二步，SDR人员进行电话跟进，或者通过企业微信与客户沟通，判断客户是否满足SQL条件。将满足的派发给销售团队，还未到SQL阶段的继续孵化，过了孵化周期的放回数据库。

第三步，如果MQL在某个省市相对集中，可以安排区域市场的人员组织一次线下活动，组织线下沙龙邀请这些潜在客户一起参加，将这些MQL统一孵化。还可以邀请老客户给潜在客户分享自己的成功经验，毕竟客户教育潜在客户的效果更好。

有了系统和工具的赋能，每个线索和客户都有标签体系，标签分为3类：自然标签，也就是客户企业的名称、所在省市、规模等；企业互动标签，如潜在客户读过哪些文章，参加过哪些活动；流程标签，目前该潜在客户处于RL、MQL、SQL还是续费阶段。

市场团队跟销售团队本质的区别是，市场团队做点对面营销，也就是一对多营销，而销售团队做点对点营销，也就是一对一营销。市场团队要根据营销漏斗的客户标签设计规模孵化行动。

总之，市场活动是有目的的孵化活动，每次活动后由SDR跟进，这样就能明确知道该活动转化了多少个MQL到SQL，这次活动的投入产出比（Return Of Investment, ROI）也可以计算出来。长此以往，一个 SaaS 企业在全国各个区域的营销投入就可以评估了。有了评估，就有了优化的空间。

9.3.5　R2R 流程中的销售职能

1. 市场销售二八分

对于符合 R2R 式增长模型的 SaaS 企业，建议市场和销售工作二八分，即 80% 的销售流程工作由市场团队完成，20% 的销售流程工作由销售团队完成。

2. 为何不谈渠道代理

过去 SaaS 企业会通过渠道代理方式实现快速覆盖客群。企业建立渠道代理体系，比如慧算账招募阿里系、百度系、58 赶集的渠道商。这些渠道商一般分布在二三线城市，适合客单价在 5 万元以内的产品。这类产品的使用方法容易掌握，不需要复杂专业的教育过程。

不可否认，渠道代理在当下仍有价值。我们也深知，数字化营销的效率要远远高于直销和代理的效率。当下 2B 端的数字化发展还处于初期，数字化营销落地自然困难重重，不但缺乏数字化思维，也缺少实战人才。毋庸置疑的是，如果一家企业真正实现数字化升级，营销效率将实现升维，营收超出传统企业竞争对手至少 3 倍，甚至 10 倍。

一起看看几家上市公司的人效，计算方式是年度营收除以员工人数，数据来源是企业 2020 年和 2021 年财报：HubSpot 是 270 万美元/人，Zoom 是 638 万美元/人，广联达是 48 万美元/人，太美医疗科技是 28 万美元/人，泛微网络是 114 万美元/人。我曾经管理的 2B 业务，最高人效是 670 万美元/人。企业想要从粗放增长走向精细增长，提高人效，必须掌握先进业务方法论和数字化思维。

站在今天，这个产业周期交替的时代，企业如何摆脱惯性，打破定式思维，从固有的营销模型走出而开创新型数字化营销模型，是极具挑战的。越是在过往取得不错成绩的公司，越是大公司，数字化升级就越困难，需要创始人坚定的意志和信念。有的人只有看见才会相信，而有的人因为相信所以看见。

9.4 让客户成为增长引擎

R2R 式增长模型既难亦简单，简单是因为客户已经告诉我们所有增长的答案，企业需要的只是去找到它们。

1. 深度认识高价值客户

企业要精细管理高价值客户。高价值客户并非付费最多的客户，而是在销售全流程里面营销效率最高的客户。比如有 100 个 RL，一般需要 2 周才能转化成 MQL，其中有 5 个潜在客户一天就转化成了 MQL，营销团队要回访这 5 个客户，了解对方是因为看了什么内容，或者因为哪些营销行为，打动了他们，让他们决定立刻采取行动深度了解产品。

如果营销团队发现这 5 个客户有共性，比如都是看了某个专家分享的一篇长文产生共鸣，那么营销团队就要邀请更多专家制作更多类似的内容，并定期发给在 RL 阶段的潜在客户，向他们传递价值，推进这些潜在客户转化到 MQL 阶段。

2. 更聪明的决策

在 R2R 全流程中，潜在客户和企业的互动点很多，只要有数据，营销团队就能透过数据发现更有效的营销方案。营销团队要具备数据思维，善于看数据，分析数据，通过数据寻找答案，进一步提升营销方案的效果。

还是那句话，**企业要的不是数据，而是更聪明的决策**。因为有数据，所以可以进行数据分析，将分析结果进行可视化呈现，制定更聪明的决策。

如果只有数据，即使最有经验的营销专家也看不出所以然，营销团队需要数据分析专家和运营负责人站在全盘提出优化方案，通过验证确定更聪明的决策。

9.5 R2R 国内外案例

通过案例可以更好地掌握 R2R 式增长模型，接下来分别介绍 HubSpot 案例和神策数据案例。

9.5.1 HubSpot 案例

HubSpot 是最早一批实现让客户找上门的企业之一，也是集客式营销的拥趸者。集客式营销帮助 HubSpot 实现了高速增长。HubSpot 创立于 2006 年，2021 年营收达到 10 亿美元，进入成熟期的 HubSpot 仍然能保持每年高于 30% 的增速。

HubSpot 的创始人深刻认识到客户的行为发生了翻天覆地的变化，传统打广告发邮件拉客户的方式已经过时，当下人们更喜欢通过互联网获取信息和选购商品。于是 HubSpot 专注搜索引擎、博客、社会化媒体，形成了一套有效的营销方式，实现了让客户主动找上门。

1. 集客式营销的布道者

HubSpot 是集客式营销的拥趸者和践行者，而且一直在为集客式营销推广布道。下面介绍 HubSpot 的具体执行情况。

（1）创建引人注目且多样化的内容

HubSpot 主要采取以下内容形式。

- 博文，一页篇幅的跟业务相关的话题文章。
- 白皮书，5~7 页介绍行业发展趋势及面临挑战的内容。
- 视频，2~3 分钟产品使用体验或者客户分享相关的内容。
- 网络研讨会，基于 PPT 的在线分享。
- 播客，专家访谈类音频内容，时长一般十几分钟。
- 网络直播，潜客在线观看直播视频。

（2）基于官网通过博客、搜索引擎、社会化媒体让客户主动找上门

HubSpot 主要使用的传播渠道包括博客、Google、社会化媒体等。HubSpot 有很多细节经验可以分享，比如博客的获客效果不比搜索引擎差，而且一周发一篇博客的成本很低。表 9-3 是 HubSpot 的转化数据，博客的转化率 11.85% 是搜索引擎 Google 转化率 4.79% 的 3 倍，博客同期访客量 39 201 跟 Google 的访客数量 44 642 差距不大。可以看到，相近的访客数量，博客传递价值、产生意向客户的效果要远好于 Google。

表 9-3 HubSpot 的转化数据

平台	访客数量 RL	意向客户 MQL	转化率
Google	44 642	2140	4.79%
blog.hubspot.com	39 201	4646	11.85%

HubSpot 也分享了写博文的技巧：一方面题目非常重要，包含数字和大人物的题目往往能吸引更高的流量；另一方面文章内部要善于增加超链接，也就是把文章内容的一些关键词链接到官网，这

样每次读者阅读,都有可能通过这些超链接抵达官网。

HubSpot开设了学院HubSpot Academy,进行集客式营销的培训,课程丰富,从集客式营销的基础理论、如何规划长久的内容策略、如何发博文,到如何做SEO等。完成课程学习的学员参加考试,通过的学员可以得到相关证书。

(3)转化客户

HubSpot的客户转化是非常成熟的,做到了贯穿销售流程的整体性孵化。这能给本土执行层面的营销人员很好的启发。

在RL阶段,HubSpot的孵化工作有3个目的:告诉客户HubSpot能解决他的问题,证明HubSpot是该领域思想领导者,显示HubSpot是客户认可的品牌。为了达到这3个目的,市场团队会推送博客和指南展示自己的产品能解决客户的问题,推送长文章、博客以及KOL文章介绍增长与创新的思想,推送PPT、客户案例及客户访谈证明自己在行业中的地位。HubSpot会根据用户的角色发送不同的内容策略,比如CEO和市场总监关注的会有区别,用于孵化的内容会有侧重。

HubSpot会规定一些机制,来确定RL是否转化成MQL,比如RL用户开始下载案例,这就是一个"转化信号",该RL会被移动到漏斗的下一个阶段(即MQL)。

在MQL阶段,HubSpot主要集中推送案例和第三方评测。案例帮助MQL理解如何使用HubSpot工具实现增长,第三方评测报告可以快速降低客户采购的决策风险。同时每次推送的内容都设置了点击查看价格、联系销售、领取优惠等CTA功能。如果一个MQL点击了跟价格相关或者联系销售的按钮,那么就启动了"转化信号",该MQL会被移动到漏斗的下一个阶段(即SQL),分派给销售去立刻跟进和结单。

2. HubSpot 增长传奇背后的销售思维

（1）Mark 的工科背景让 HubSpot 的销售变成可衡量公式

HubSpot 创立时的销售负责人 Mark Roberge 是机械工程专业背景，不得不承认他是营销界颇有工程化思维的营销人，他把只可意会的销售工作彻底公式化，产出了销售招聘公式、销售管理公式等。感兴趣的读者可以阅读《销售加速公式》。

（2）HubSpot 的销售实验

BANT 是市场人常用的商机判断标准，从 2000 年启动数字营销和 CRM 后，一些管理理念比较先进的企业就开始全面执行漏斗管理。Mark 在使用 BANT 原则后，发觉还有一个更好的线索评估标准 GPCT，即目标（Goal）、计划（Plan）、挑战（Challenge）、时间表（Timeline）。

Mark 的判断很符合逻辑，因为 HubSpot 是做营销增长的，目标客户都是营销人员，客户购买的动力一定源于销售目标，所以 HubSpot 在和客户一起解决增长问题时，彼此关系就演变成合作伙伴，而不再是买方和卖方。把客户得到产品的价值从购买后提前到采购决策阶段，在采购决策时就帮助用户规划未来的业务增长方案。

即便发现和推理都成立，HubSpot 也没有立即全面推行 GPCT，而是找 5 位销售冠军组成实验小组做实验，看看转化率和成单率有什么变化。6 个月后，实验小组完全超出了预定目标，大获成功。更重要的是，其他销售早已听闻新的模式，随着实验团队的成功，其他销售都开始打听和效仿。在其他公司很难推进的销售流程变革，在 HubSpot 内巧妙地完成了自迭代。

销售实验体现了数字时代销售运营工作方式的转变，当然不仅仅是销售部门，这种理念贯穿增长每个细节，触达业务和企业运营的方方面面。

9.5.2 神策数据案例

神策数据创始人兼 CEO 桑文锋是百度用户日志大数据平台的创建者，也是畅销书《数据驱动：从方法到实践》的作者。他于 2015 年离开百度创办神策数据，为中国企业提供大数据分析和营销科技服务。2018 年神策数据实现营收过亿元，且之后每年都呈现高速增长，在数据营销 SaaS 赛道是业界认可的头部企业。

之所以写神策数据的案例，是因为在我接触过的国内上百家 SaaS 企业中，神策数据是执行 R2R 并且数字化水平相对较高的企业。接下来从 5 个方面分享神策数据 R2R 增长的实践，包含客户旅程、基于客户旅程的营销内容体系、销售漏斗、全栈式市场团队、销售运营。

1. 神策数据的客户旅程

神策数据按照购买过程、客户目标、触点和情感响应、客户常见问题、客户体验 5 个方面梳理了销售流程各个阶段的实际情况，构成了神策数据制定营销策略的底层依据，如图 9-9 所示。

有了客户旅程，就可以设计相关的内容，找到与内容匹配的投放渠道，以及市场营销重点和销售达成的关键动作。

2. 神策数据的销售漏斗

神策数据的营销体系以 TOFU-MOFU-BOFU 漏斗模型为中心，整合内容营销、数字营销、客户旅程、市场营销、销售跟进，如图 9-10 所示。神策的营销体系有 3 个值得学习的关键点。

第一，漏斗分为三层，顶层 TOFU 是从广泛的流程渠道引流，让线索进入神策漏斗，中间层 MOFU 通过内容进行线索的孵化，底层 BOFU 的主要工作是将被孵化的线索转化为付费客户。

第 9 章 SaaS 增长模型：R2R 式

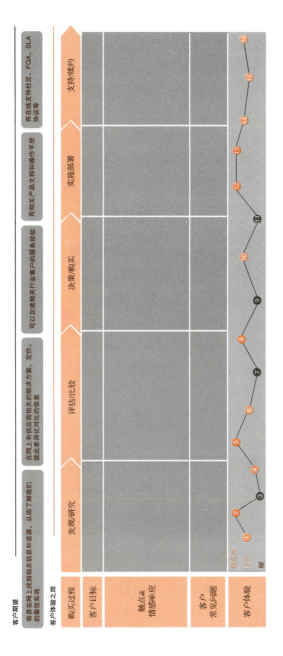

图 9-9 客户旅程

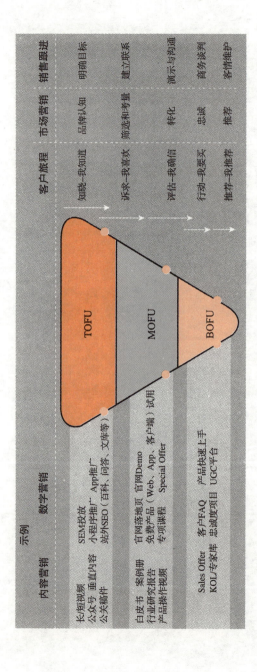

图 9-10 神策数据的营销体系

第二，该营销体系将内容营销、数字营销、客户旅程、市场营销、销售跟进整合在了一起，形成了一套完整的营销框架。这样可以很好地避免不同营销工作的割裂，比如避免了团队为了做内容而做内容，而是回归到销售流程和市场与销售团队的工作重点，来进行内容制作。

第三，神策数据通过销售漏斗让市场和销售紧密配合，像一个团队一样工作，有的 2B 企业市场团队和销售团队脱节，有的企业甚至只有品牌部门而非具备市场拓展获客及孵化能力的市场部门。神策数据的运营目标是让市场、销售连成一体。

每家公司都可以根据 R2R 的基本原理设定自己的漏斗，神策数据的销售漏斗包含 8 层——获客渠道、官网访问、注册留资、CRM 生成线索、MQL 输出、SQL 确认、商机创建、成单。

营销漏斗从最初的触达，到最后的成单，把市场和销售两个环节关联起来。2B 企业应该打通数据分析工具、站外、官网和 CRM 数据，将客户通过打标签、分配 ID 的方式串联到底。与 CRM 打通并形成从客户获取、销售成单到客户服务的完整闭环，实现营销全漏斗转化分析，如图 9-11 所示。

神策数据本身是做客户行为分析的，它将数据分析工具与 CRM 打通，在数据面前，市场和销售的工作形成联动。比如分析工具可以根据客户使用的频率、活跃天数、使用深度等指标，对客户进行分层管理，当客户分群数据整合到企业 CRM 系统后，为其诊断易流失客户和高价值客户群，帮助客户成功团队和销售团队紧密配合，将产品价值传递给客户，帮助客户有效适应产品；了解何时需要干预，实现客户全生命周期支持和管理。反过来，销售成单情况也能指导市场投放策略。

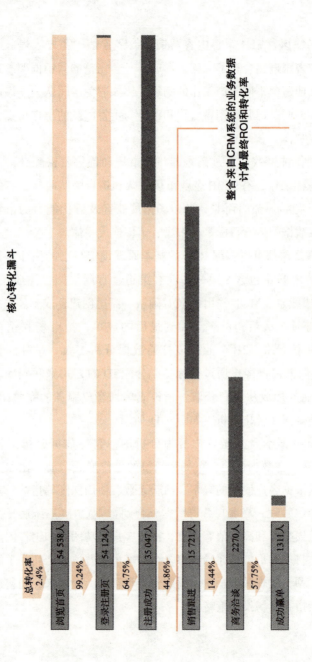

图 9-11 神策数据漏斗看板数据示例

3. 全栈式市场团队

神策数据搭建了全栈式市场团队,包括产品市场、数字营销、内容营销、活动营销、设计与体验。

对于早期创业公司而言,进行品牌推广的重要性不是很高,神策数据主要依靠客户口碑。市场工作紧紧围绕获取有效线索,而有效线索的获取就是让潜在客户找上门来。由此可见,神策数据执行了典型的集客式营销。

图 9-12 是神策数据让客户找上门的方法论,简单来讲就是广泛布点,用客户需要的内容一击即中,将各种流量统一入口进行打标签、整理,实现统一分配客户 ID,沉淀客户数据库;优化不同渠道转化率,持续缩短周期。这里特别强调一点,营销的敏捷迭代其实是数字化营销实现降本增效的最重要手段,现在大部分企业还在使用工具搜集数据的阶段,还未通过数据发现洞见,设计更好的营销方案并用实验来验证。

图 9-12 让客户找上门的方法论

神策数据非常重视官网的建设,并投入了大量的精力,把官网打造成精美的电商网站来获取客户,让它成为企业营销的中心,并不断分析、优化、验证,实现更高的效率和转化率。

在神策数据，营销漏斗由市场团队和销售团队配合完成。市场负责开源，将更多流量导入漏斗，然后开启各种特征的分级和相应的培育体系。市场并不以客户签单作为终结，反而是一种开始。神策数据将客户分为新注册、普通、活跃、付费、流失预警五类，并对不同群体安排不同的营销行动。

4. 销售运营

神策数据很注重销售运营的价值，销售运营是销售漏斗管理的关键角色，该岗位在实际工作中扮演以下职能。

- 全流程监督员：建立可优化的销售流程，辅助销售流程高效推进，监督销售的规范性以及主管人员的管理行为，防范风险，提升销售效率，确保过程和结果数据准确。
- 销售的辅导员：建立和迭代信任培训及销售赋能机制，帮助新人融入公司和通过考核；组织和协调培训及分享，为销售人员赋能；协助销售管理者进行员工培养。
- 内外部的协调员：协调内外部资源，辅助推进日常事务性工作，提升协同效率，以多种形式补充销售弹药库。
- 销售数据分析师：实时/定期进行多种维度销售数据的分析，为精细化销售提供支持，为相关部门提供数据支持，辅导管理层进行决策及战略管理。

总之，神策数据的销售运营让销售流程化、数据化、标准化，让整个销售流程变得科学，消除了销售管理的盲区，解决了两大关键问题——提效和风控。

9.6 本章小结

本章详细介绍了R2R式增长模型的概念、应用和相关案例。

如果公司产品的客单价为 1 万～10 万元，可以考虑使用 R2R 式增长模型，优化当下的营销效率并实现增长。

R2R 式增长模型适合客单价在 1 万～10 万元，结单周期为 2～8 周的 SaaS 产品。这是一个参考建议，因为数字化发展推动营销快速演进，所以适用边界也会发生改变。

希望读者理解 R2R 式增长模型的底层思维，依靠先进的业务方法论和数字化工具来提升营销效率，实现增长。销售流程精益管理就是先进的业务方法论，数字营销就是数字化带来的降本增效营销新体系。

第 10 章将介绍导弹式增长模型。希望读者能一鼓作气读完这 3 章内容，融会贯通，尽早将其实践于业务增长工作中并取得成果。

| 第 10 章 |

SaaS 增长模型：导弹式

导弹式增长模型适合客单价在 10 万元以上，结单周期为 2~6 个月的 SaaS 产品，这是根据主流产品界定的。少数客单价过百万元、结单周期为 6~12 个月的 SaaS 产品也适合导弹式增长模型，但因为这些产品所占比例低，所以本章更多围绕客单价是几十万元的产品进行讨论。

SaaS 的本质是服务，符合导弹式增长模型的 SaaS 产品，提供的服务已经进入客户的核心业务流。结单周期受三方面影响——SaaS 产品价格、客户企业规模、SaaS 产品与客户业务交融复杂度。如图 10-1 所示，结单周期和客户企业规模、SaaS 产品价格、SaaS 产品与客户业务交融复杂度正相关。企业规模越大，SaaS 产品客单价越高，涉及客户内部的部门越多，结单周期就越长。

200 人左右规模的企业一般没有复杂的采购流程,通常 CEO 和使用部门负责人就能决定,采购可以很快进入执行和实施阶段。对于上万人规模的大型企业来说,不但有复杂的采购流程,而且购买 10 万元的产品和购买 50 万元的产品的内部审批流程都不一样。另外,SaaS 产品与客户业务交融的复杂度,决定了要跟客户的不同部门进行沟通、验证,营销流程就变得更加复杂。

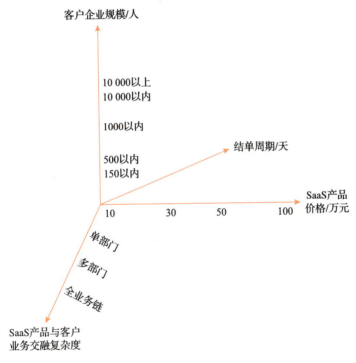

图 10-1 导弹式增长模型结单周期的三维影响因素

导弹式增长比黑客式和 R2R 式增长要复杂得多,它遵循一条不变的原则:**宁开一口井,不挖十个坑**。一口井的价值远远高于十个坑的。导弹式规模化增长始于找到利基市场。越是垂直的饱和攻击,越能获得高效成果。垂直营销的成功营销战术是可以复用的,能复制的营销才是实现规模化增长的前提。**规模化增长的本质是可提效且可复制的营销套路。**

我辅导过的一家 SaaS 企业,2020 年 ARR 是 4000 余万元,业务涵盖 17 个细分领域。该企业确定利基市场,将目标聚焦在 3 个细分市场。2021 年 ARR 达到 1.05 亿元,打破了 4 年业绩增长停滞的瓶颈。

导弹式增长模型关注的是破圈并形成垂直可规模化增长战术,亦可称作增长套路。国内进入客户核心业务流的 SaaS 企业适合这种增长模型,例如供应链 SaaS、生产 SaaS、营销 SaaS 等。如表 10-1 所示,建议客单价为 10 万~30 万元的 SaaS 企业争取将结单周期提效到 8~16 周,将 50% 的营销行为在线上完成,50% 的营销行为在线下完成。客单价为 30 万元及以上的 SaaS 企业将结单周期提效到 3~6 个月,20% 的营销行为在线上完成,80% 的营销行为在线下完成。

表 10-1 导弹式增长模型的关键因素

	平均客单价	结单周期	营销模式	决策链	销售流程	是否进入客户核心业务流
导弹式	10 万~30 万元	8~16 周	B2B	复杂	50% 线上 + 50% 线下	大部分情况是
	30 万元以上	3~6 个月	B2B	复杂	20% 线上 + 80% 线下	是

10.1 导弹式增长模型

导弹式增长模型如图 10-2 所示。第一步,通过产品适配市场的过程识别利基市场。第二步,针对利基市场整合资源实现破圈,进入垂直细分领域。第三步,累积行业认知,整合资源形成 SLCK

策略。第四步，实施导弹攻击，获得细分市场30%～80%的市场份额，实现规模化增长。

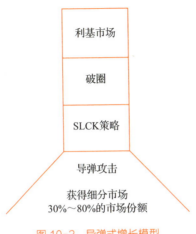

图 10-2　导弹式增长模型

10.1.1　导弹式增长模型适用企业的参考标准

客单价在 10 万元以上，SaaS 服务已经渗透到客户的核心业务流，结单周期为 2～6 个月的 SaaS 产品适合导弹式增长模型。由于客单价高，客户决策流程复杂，这类产品的营销都偏项目制。销售方式有直销，也有渠道，更多的是混合型销售。

图 10-3 是国内 SaaS 企业的调研结果，客单价在 10 万～30 万元的 SaaS 企业中 81% 的结单周期集中在 3～6 个月，客单价在 30 万元以上的 SaaS 企业中 80% 的结单周期集中在 6～12 个月。导弹式增长的标杆企业可以做到客单价 10 万～30 万元，平均结单周期在 3 个月以内；客单价在 30 万元以上的企业，平均结单周期在 6 个月以内。可见国内 SaaS 企业在增长能力方面可优化的空间还比较大。增长初期靠战略找到利基市场，中期靠强组织力实施饱和攻

击实现规模增长,后期靠品牌力实现持续增长。

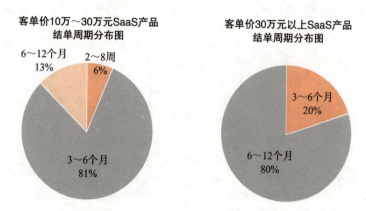

图 10-3 客单价 10 万元以上的 SaaS 产品的结单周期分布图

10.1.2 营销难度大的原因

SaaS 企业销售客单价 10 万元以上的产品,普遍会觉得营销难。确实难,因为价高的 SaaS 产品基本都进入了客户的核心业务流,除了决策链长、决策人多之外,需要沟通和验证的内容也多,这些都导致了营销难。但是这还不是根本原因。

根据调研,超过 70% 的客户认为 SaaS 企业并不懂他们的业务和行业。SaaS 业界也有一些先驱认为 SaaS 很多是披着互联网外衣的传统软件公司。这个现象背后的本质是进入客户业务核心的 SaaS 企业其实是在卖方法论,提供的是更先进的业务方法论的赋能服务,而不仅仅是售卖一个工具。

举个例子,2015 年被称为中国 SaaS 元年,最有噱头的就是移动 CRM 赛道,第一梯队都是在 2010 年前后成立的公司,走到今天还没有一家年营收超过 10 亿元的。有的人说 CRM 不像有赞、微盟可以直接给客户创造价值。很多时候 CRM 成为销售人员的负策略。第四步，实施导弹攻击，获得细分市场 30%~80% 的市场份额，实现规模化增长。

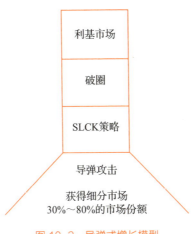

图 10-2　导弹式增长模型

10.1.1　导弹式增长模型适用企业的参考标准

客单价在 10 万元以上，SaaS 服务已经渗透到客户的核心业务流，结单周期为 2~6 个月的 SaaS 产品适合导弹式增长模型。由于客单价高，客户决策流程复杂，这类产品的营销都偏项目制。销售方式有直销，也有渠道，更多的是混合型销售。

图 10-3 是国内 SaaS 企业的调研结果，客单价在 10 万~30 万元的 SaaS 企业中 81% 的结单周期集中在 3~6 个月，客单价在 30 万元以上的 SaaS 企业中 80% 的结单周期集中在 6~12 个月。导弹式增长的标杆企业可以做到客单价 10 万~30 万元，平均结单周期在 3 个月以内；客单价在 30 万元以上的企业，平均结单周期在 6 个月以内。可见国内 SaaS 企业在增长能力方面可优化的空间还比较大。增长初期靠战略找到利基市场，中期靠强组织力实施饱和攻

击实现规模增长,后期靠品牌力实现持续增长。

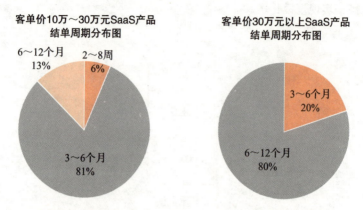

图 10-3　客单价 10 万元以上的 SaaS 产品的结单周期分布图

10.1.2　营销难度大的原因

SaaS 企业销售客单价 10 万元以上的产品,普遍会觉得营销难。确实难,因为价高的 SaaS 产品基本都进入了客户的核心业务流,除了决策链长、决策人多之外,需要沟通和验证的内容也多,这些都导致了营销难。但是这还不是根本原因。

根据调研,超过 70% 的客户认为 SaaS 企业并不懂他们的业务和行业。SaaS 业界也有一些先驱认为 SaaS 很多是披着互联网外衣的传统软件公司。这个现象背后的本质是进入客户业务核心的 SaaS 企业其实是在卖方法论,提供的是更先进的业务方法论的赋能服务,而不仅仅是售卖一个工具。

举个例子,2015 年被称为中国 SaaS 元年,最有噱头的就是移动 CRM 赛道,第一梯队都是在 2010 年前后成立的公司,走到今天还没有一家年营收超过 10 亿元的。有的人说 CRM 不像有赞、微盟可以直接给客户创造价值。很多时候 CRM 成为销售人员的负担，每天需要花时间填写，销售人员并不情愿用 CRM。

2000~2010 年，数字化及科学管理在先进的世界 500 强企业中率先落地，那时我在某全球增长能力知名的世界 500 强企业中负责中国区市场，公司全面启用 CRM 系统，市场部会定期把 SQL 线索派发到 CRM 系统，销售人员跟进 SQL 并在 CRM 内申请市场资源（活动或者媒体等）。谈判中的项目要通过 CRM 申请折扣，绩效也要根据 CRM 测算。

CRM 对于销售人员是获取新线索、争取公司资源和客户及订单管理的工具，是服务销售人员的；CRM 对于公司是营销数字化落地的重要系统，是赋能市场团队的；CRM 对于管理层是管理团队、预测营收、检查业务的重要工具。由此可见，CRM 能否创造价值，重点还是看企业会不会用。那些企业之所以能把 CRM 用得好、获得明确的价值，是因为它们采纳了先进的业务方法论，执行了销售流程精益管理。为了实现销售流程精益管理，这些企业必须在 CRM 的辅助下将销售精益管理在组织内落地。如果 SaaS 企业只向客户卖 CRM 工具，不布道先进的业务方法论，客户就不能真正将 CRM 用起来，自然也不会因为使用了 CRM 而获得可衡量的业务增长。

综上，SaaS 的本质是卖服务，提供让客户被更先进的业务方法赋能的服务。

10.1.3 导弹式增长需要专注

"宁挖一口井，不挖十个坑"在 2B 领域是经过验证的增长智慧。2B 有两个大方向：一个是纵向的垂直行业，如通信、医疗、制造业、教育行业；另一个是横向的专业领域，如财务、法务、人事、营销、供应链等。此一纵一横交错，就形成了 2B 领域复杂的需求矩阵。一家企业如果不能通过长期深入研究累积行业和专业认知，很难在2B领域深刻理解客户需求，向客户提供好产品，并形成独有的竞争力。

金蝶是国内企业中从软件到SaaS到云的先行者，从金蝶的成功产品中也能看到"挖一口井"的智慧：大企业云服务平台金蝶云·苍穹，中型企业创新云服务平台金蝶云·星空，小微企业一站式云服务平台金蝶精斗云，电商行业云平台管易云，汽车经销行业云平台车商悦，物业行业云平台我家云。

除此之外，专注地产行业的明源云、专注工程行业的广联达、专注教育行业的学家加都是打井者。

SaaS从业者，尤其2B业务的SaaS创始人，一定要深刻理解SaaS是在提供先进业务方法论，深度的专业性和回归到产业的场景化是产品成功的基础。

10.2 增长的生命周期

导弹式增长是"阵地战"加"持久战"，增长本身就有生命周期，有不可跨越的企业发展阶段。客单价在10万元以上的SaaS产品，定价可以提高的原因，是产品提供的价值进入了客户的核心业务。因为对客户重要，SaaS企业在跟客户交换高价值，所以采购决策过程复杂且漫长。而所有的高价值背后都是深度的行业认知，是通过渗透行业的过程和与先进客户共创先进方法论并打磨产品的结果。

10.2.1 科技企业生命周期

大部分科技企业的生长发展都符合《跨越鸿沟》一书中介绍的科技企业生命周期，如图10-4所示。一个新产品、新业务进入市场往往要经历5个阶段,并跨越一个关键的鸿沟,才能走向成功。

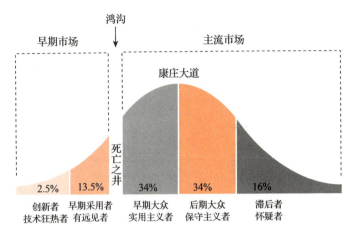

图 10-4 科技企业生命周期

根据《跨越鸿沟》作者杰弗里·摩尔的理论,我列了一张简表,总结了一家 SaaS 企业在这 5 个阶段的特征、产品策略、营销能力、客户成功能力,如表 10-2 所示。

10.2.2 第一个阶段:创新者

对于新公司、新产品,不是所有客户都能接受,尤其是 2B 领域的客户。那么,第一批客户是谁呢?他们一般占整个行业客户的 2.5% 不到,往往是该行业的技术领军人,他们喜欢三新——新产品、新技术、新应用。这群客户被称为"创新者"。

创新者由于有深厚经验和对行业的敏锐洞察,往往能在试用样机时帮助企业发现价值点。企业可以根据创新者的反馈完善样机,确定产品卖点。

表10-2 企业生命周期对应的特征、产品策略、营销能力、客户成功

		创新者	早期采用者	鸿沟(死亡之井)	早期大众	后期大众	滞后者
特征		洞察需求	口碑推荐	行业出圈	抢占市场份额	精准营销	可忽略
		创新与功能	案例与样板	完整品牌价值	便利购买(渠道建设)	服务升级	
		颜值过关	品牌形成	颜值有品	全域增长	数智运维	
			找到利基市场	建立完整市场团队	数智驱动	品牌完成阶段建设目标	
			启动客户成功探索	组建符合利基市场的行业销售	品牌全方位深入用户心智	成熟的营销能力和体系	
				客户成功探索	全市场强销售体系	成熟的客户成功	
产品策略		打磨样机	固定机型:功能快速迭代	产品:有用、好用,复购率高,评价赞	系列产品满足细分市场	根据产品利润率做减法,启动下一代产品	忽略潜在启者,专注下一代产品
营销能力		产品市场人	产品市场人	成熟市场的市场副总裁	全功能市场团队	全功能市场团队	全功能市场团队
		品牌市场人	品牌市场人	市场副总裁会完成市场部构架	强能力销售管理体系	强能力销售管理体系	强能力销售管理体系
			宣传营销市场		成渠道管理体系	成渠道管理体系	成渠道管理体系
			找到利基市场,招聘行业销售	构建销售团队或渠道			
客户成功能力			启动客户成功探索	客户成功探索SOP	完整的客户成功体系	成熟的客户成功体系	

这个阶段营销团队需要一位资深产品经理（经理、总监、副总裁、合伙人）和 2~3 位品牌经理。创新者本来就是技术专家、行业 KOL，想法自然多，这个阶段对产品经理的挑战最大，客户对产品功能提出各种各样的要求，不可能所有的要求都得到满足，那样需要投入的时间成本和研发成本都非常高。这个阶段需要产品经理决定客户提出的哪些需求是真需求、哪个需求是短期应该满足的、哪个需求是产品长期迭代的目标。

策略就是企业目标和能力的平衡。在这个阶段企业需要一位资深产品经理。他要独立负责过成功的产品项目，越多越好，经验最好在 8 年以上，不低于 5 年。职位可以是经理、总监、副总裁，甚至合伙人。面试时，可以询问他负责过的项目的细节和突破路径，之后衡量一下他是不是能被客户喜欢，能跟客户很好地沟通；是否能跟内部的团队尤其研发团队有较好的合作。成熟、专业、优秀的沟通与协调能力是这个职位的关键。

因为有了产品，开始跟客户接触，所以从产品端和基础的内容端，都需要进行品牌建设，不过在这个阶段，企业还没有清晰地规划好产品及价值，对使命愿景也想得不够透彻，并不适合启动全套品牌建设。这个阶段的主要目标是产品外观良好，宣传资料专业，像个品牌。为此，应招聘一位有 3~5 年从业经验、具备审美能力和专业性的品牌经理（市场传播经理）。

这个阶段，产品研发是企业的战略重点，人力资源投入尽可能侧重产品经理。优秀的产品经理和普通的产品经理相比，为公司贡献的价值不是差几倍的问题，而是能不能做出好产品的问题。这时不需要构建内容团队，因为还没有客户成功案例，还不具备输出有价值内容的前提条件。切记，企业做内容的本质是讲述客户因为你变得更好！

由于这个阶段还未确定利基市场，因此没有清晰的销售画像，暂不需要组建销售团队。当然招聘几位具有创业精神的销售也是可以的。客户成功团队也还未到组建的阶段。

10.2.3　第二个阶段：早期采用者

早期采用者被称为远见家，大致占行业客户的 13.5%。早期采用者有远见，能够预先识别大趋势，为企业省去了很多教育成本。他们希望看到"颠覆性"的产品，换句话说就是有突出优势的新品。早期采用者一般对新产品比较包容，只要产品有突出优势，他们可以容忍新产品在其他方面有些小缺点。

SaaS 企业销售产品给早期采用者，并根据早期采用者的反馈迭代产品，确定应用场景。早期采用者相比创新者，更能代表该细分行业大部分客户的普遍需求，跟早期采用者打磨共创产品，能够形成普遍适合细分市场客户的标准化产品。早期采用者的销售路径也具有普适性，SaaS 企业可以将其提炼为进入市场的策略。

这个阶段是产品适配市场的重要阶段，企业会发现不同细分客户对 SaaS 产品的需求刚性和付费意愿不同。那些需求更强、付费意愿更强烈的客户所在的细分市场就是 SaaS 企业的利基市场。

经过第一个阶段，SaaS 企业已经确定了产品的核心优势，在第二个阶段要放大、突出优势，保证产品的稳定性。同时需要让企业和产品的价值显化，形成样板客户，确定应用场景，产出案例并点对面向客户输出价值，完成品牌框架的基础构建。

这个阶段要找准产品市场，要确定在哪些性能上投入成本，目标是追求卓越。这是一件很关键也很有难度的事情，对于掌握方法论又了解客户需要的产品经理，这件事可以系统化解决。优秀的产品经理懂得在细节上做 1% 的改进，让产品的品质高出一个数量级，这不仅能增加很多利润，而且能占领更大的市场份额。

举个例子，苹果手机所谓的视网膜显示屏，虽然制作成本比一般的显示屏高不出 10 美元，但是它不仅可以让手机定价贵 100 美元，而且大幅提升了用户体验。这其实是增加了"芝麻"的成本，换来了"橘子"的收益。

打造样板客户是这个阶段的关键，SaaS 企业需要客户口碑，也需要客户证明 SaaS 产品的价值。2B 和 2C 不一样，2B 的行业属性往往都是金字塔结构，新技术与应用被行业权威引领。打造样板，需要营销高管直接负责，如果企业没有营销高管，那么创始人就要亲自挂帅，带领营销团队共同完成这项工作。

客户成功经理在这个阶段应该到位。主要职责是和销售、客户、行业专家沟通，快速在全国构建样板客户。需要考虑的问题包括样板应该是什么样子、通过什么形式展示，以及后续如何借助样本开展点对面的全套营销方案。

在这个阶段，资深品牌负责人要完成品牌的整体架构，包括明确企业使命、愿景、公司的视觉系统，与人事部一起起草品牌文化，搭建与利基市场匹配的媒体渠道。利基市场一旦明确，人事部门就立刻启动招聘，招聘来自利基市场的销售，启动全面的销售招聘、培训计划、激励机制等。

利基市场明确了，样板有了，品牌价值确定了，接下来就是要跨越鸿沟，进入主流市场。在营销上需要构建高效的一对多营销攻坚小队。他们会通过线上线下两个渠道精准触及潜在客户，宣传产品和品牌，输出商机给销售团队，和销售及产品团队一起开拓市场，获得市场份额，跟品牌负责人一起打造品牌形象。

10.2.4 鸿沟——跨越死亡陷阱

大部分创业企业难以跨越鸿沟，止步于此。创新者和早期采用者对于创业企业而言是梦想支持者。进入早期大众市场（主流市场）后，企业面对的客户就是务实者了。他们要的是稳定的产品：采购风险低，最好是细分领域第一的领导品牌，可以提供明确的应用场景、看得见的好处和可衡量的效果。

高科技产品企业在进入主流市场时，一定要注重在某一细分市场（利基市场）做到极致，使自己的产品、声望在这一细分市场中得到高度认可并最终渗透细分市场成为领导者，之后以此细分市场为根据地向外围扩展。这一策略存在三方面的优势。

- 相比较一开始就梦想占领全部主流市场而言，集中优势力量占领细分市场更加容易。
- 在占领细分市场后，由于口碑的传播，使企业在向其他细分市场进军时变得相对容易。
- 主流市场的客户总是更加希望购买市场领导品牌的产品，而企业要做的就是致力于成为某一细分市场的领导者。

跨越鸿沟的标志是，SaaS 企业已经实现在产品层面有突出的竞争优势和稳定性，具备在某一细分领域战胜各种竞争对手的绝对优势，成为领导者。在客户层面，有样板客户，有替你发声的 KOL。在场景应用方面，客户细分明确，产品及解决方案实现标准化。在品牌方面，具备完整的架构和丰富内涵，可以随时把品牌价值扩散到更广阔的主流市场。

接下来 SaaS 企业的资源投放及工作重点要从产品转向营销，成功进入早期大众市场。

10.2.5　第三个阶段：早期大众

企业终于要将新产品推进主流市场了，早期大众约占行业客户的 34%，这是关键的一战，决定企业能否持续盈利，收割市场，成为真正的领导品牌。

进入主流市场,企业就要考虑营销的策略和效率,此时是市场营销团队点对面营销大显身手的时候。市场团队的人数十几人到几十人不等,主要取决于企业业务模式和发展规模。

随着产品及服务渗透入主流市场,品牌形象也随之建立于客户心智中。这个阶段,企业已经有市场副总裁或者首席营销官,组织架构的调整可以交给他们来处理。每个职能的人数根据业务发展实际情况确定,每个职能在本阶段工作的重点如下。

- ❑ 产品市场团队:为本阶段营销提供内容支持,为下阶段进入晚期大众市场做产品的减法和降价优化,启动下一代产品升级。
- ❑ 市场营销团队:主要负责增长并获得市场份额。
- ❑ 品牌团队:构建完整的品牌框架,落实品牌文化,塑造品牌卓越形象。
- ❑ 销售团队:形成销售套路或者按照策略发展代理商,不断提高销售效率。
- ❑ 客户成功团队:形成完整的客户成功运营体系,包括产品交付实施、培训、定期回访、预警客户流失、帮助用户个人和组织完成内部和外部的成功;全生命周期客户运营管理,实现续费、增购和转介绍。

由于营销团队是驱动增长的核心团队,这里介绍一下卓越营销负责人的 3 个特质。

(1)善于看到本质

分享美团前 COO 干嘉伟(人称"阿干")的故事。阿干在阿里巴巴工作了 12 年,于 2011 年底入职美团。因为他对团购市场不太了解,所以先要搞清楚业务的本质——与美团市场份额直接相关的可控因素是什么。

他问了很多人同样的问题，目前公司里的销售冠军什么样、如何解读这个月的业绩、如何预测下个月。大家的答案五花八门，如行业累积深、样貌好、消费感好、提供个性化的搭配套餐等。

2012年，美团采纳GROUPON公司的模式开展业务，每天上线团购套餐，将流量导入，形成爆单，跟商家谈更低的折扣，形成良性循环。2012年春节期间，美团启动"谷满仓"活动，节后市场份额从11.3%上升到14.3%，市场占有率排名第三的美团一下子接近了排名第一的拉手网。阿干经过研究发现，活动的"上单量"及每天上架的团购套餐数越高，销售额就越高。所以应该上架更多的团购，而不是满足于做几个爆款。丰富供给跟单品大爆款的业务逻辑完全相反。

阿干抓到了"牛鼻子"，也就是业务的最基本逻辑——要供给、要上单。于是公司策略调整为全力拜访客户，大量上单。管理人员抓的主要指标就是拜访量和上单量。

（2）积极贴近客户

这个故事来自To B CGO创始人朱强。To B CGO是社群营销的一个传奇，从2020年启动，仅用短短一年的时间就汇集了12 000位2B市场营销人，建立了社群，囊括了中国市场的主流2B企业，社群活跃度颇高，也实现了自负盈亏。

2021年初举办了To B CGO家宴，在全国8个城市宴请社群会员，进行面对面的交流沟通，了解2B市场人到底需要什么，为什么烦恼。只有通过这样深层次的交流，才能搞明白到底该如何服务好中国2B市场。随后，To B CGO上线了内推服务、外文专业书翻译、培训服务等业务，逐步探索出盈利模式，也让社群进入高效裂变的良性循环。

不见面，不深聊，就无法知道客户需求。与其打广告买流量，不用宴请客户谈谈心。

（3）善化腐朽为神奇

有的企业让加入的牛人表现平庸，有的企业让加入的普通员工做出了惊人的业绩。这里面的本质区别就是团队文化，而打造团队文化的就是团队负责人。这样的人一定善于激发员工内驱力。

这种团队负责人善于发现员工的优点，推动员工树立合适的目标，并自主实现。他们的行为特征是认可远多于批评，关注成功，容忍失误，为人谦虚，尊重员工。他们负责的团队的氛围往往特别好，领导在和不在办公室，团队的工作状态没有什么差异。

团队负责人要让员工站在"做什么事情能让客户价值最大化，工作结果最大化"的高度去工作。现实中存在很多"伪工作者"，比如做了很多事但是对公司发展没任何帮助的员工，看上去很忙但没有做出有价值的成果的员工。团队负责人如果不能识别团队中的"伪工作者"，就会影响团队其他成员的工作积极性，而整个团队的工作效能也不会好。

高效能的团队，不但是主动做事的团队，更是能把对的事情做好的团队。有用的事情，就算少做几件，也比没用的事情做一堆对公司有意义。

10.2.6 第四个阶段：晚期大众

走到这个阶段，创业企业已经蜕变成功。营销团队、客户成功团队都进入成熟期。企业打造成长型的文化，不断复制成功点，就能不断演进，成为更好的企业。

晚期大众与早期大众最大的区别是客户不希望被大趋势淘汰，需要产品或者解决方案是性价比高、服务好、使用简单方便的。

在这个阶段，产品团队的工作重点是做减法，适当减少产品非核心功能，降低价格，提升产品的性价比；市场团队的工作重点是不断提升营销效率；客户成功团队的工作重点是提升续费率，提高交叉销售和向上销售的营收，提升老客户满意度。

品牌方面，此时企业的知名度和美誉度已经不错了，可以考虑是否能在更丰富的层面回馈社会，比如慈善，或者开源一些让整个行业受益的技术等。毕竟，领导者，是引领整个行业前进的品牌。

10.2.7　第五个阶段：滞后者

总有一些人不用智能手机，总有一些客户不用你的产品，顺其自然就好。这个阶段企业要关注 3 个周期——技术周期、产业周期、国家周期，要积极进化，跨越周期，实现可持续增长。

10.3　导弹式增长的落地

导弹式增长的目标是在利基市场获取 30% 以上的市场份额，如导弹般精准率高、威力强。实现导弹式增长的执行有四步：让产品适配市场与确定利基市场、破圈、SLCK 策略、饱和攻击营销法。

10.3.1　让产品适配市场与确定利基市场

1. 让产品适配市场

创新产品有 2 种路径：一种是深入行业多年，深知市场痛点，整合相应技术形成对应 SaaS 产品；另一种是凭借技术优势先研发 SaaS 产品，之后再找适合的市场。第一种实现产品适配市场相对容易，第二种则需要时间和方法才能实现产品适配市场。但无论如何,所有新产品都要经过产品适配市场的过程。

具体方法就是找到创新者去试用产品,初期的试用客户大部分是熟人或者熟人推荐的客户,因为熟悉,所以可以深度探讨,一起验证产品的价值。找到创新者,不等于完成了产品适配市场。完成产品适配市场需要经过以下三步。

第一步,获得2~5个创新者,梳理客户痛点,让他们体验产品,总结价值。

第二步,调研50~100个潜在客户,确认真伪需求和需求是否具有普遍性。创新者的体验有时超前或者太独特,并不一定适合大众客户的普遍需求。

第三步,获得10个左右陌生客户,完成需求验证。明确客户痛点和产品价值后,开拓陌生客户,如果能够再获得10个新客户,那么基本就能确定产品适配市场。接下来就可以准备启动规模化增长。

有的SaaS创始人是先调研客户痛点和需求再做产品,这是更推荐的方式。以客户为中心做产品,产品适配市场往往水到渠成。做产品的过程就是跟客户共创产品的过程,只要客户洞见和产品迭代做得够好、够快,产品上市的时候基本就完成了产品适配市场。

Moka在创立初期通过调研确定产品功能聚焦在招聘流程,并且专注于互联网细分市场。Moka产品上市后,很快实现了产品适配市场,实现每年营收200%~300%的增长。Moka前三年只做互联网客户,其他行业客户的订单一律婉拒。仅仅三年,Moka就营收过亿元并且实现盈利。目前Moka产品的客单价在十几万元的水平。

很大比例的SaaS企业是先有产品再做产品适配市场工作的。如果SaaS产品的通用性强,可能应用场景也比较多,CEO会采取先放后收的策略，一般会让营销团队跑出去接触各种各样的细分客户，经历 6~12 个月后才能让产品适配市场。

2. 确定利基市场

利基市场的客户需求更强且付费能力更强，没有找到利基市场的 SaaS 企业会进退维谷。利基市场并不是小规模市场，利基的本质是聚焦，而这个聚焦并非企业一厢情愿的聚焦，而是聚焦最有价值的细分客户。

在辅导企业做增长的过程中，我发现多数团队贪图面面俱到，只要能找到的客户就都签约服务。这个过程中 SaaS 企业往往会觉得分身乏术，已经付出很多努力，仍然不能持续提高客户满意度，无法大幅降低获客成本，无法降低研发复杂性，无法实现产品标准化，无法实施 SOP 落地等。

我经常给创始人讲苹果山的故事。一片苹果树，结出的苹果有大有小，有红有绿，有近有远，应该怎么摘？大家都想摘又大又红又近的，如果只是让团队跑出去随意采摘，那么就避免不了人类天生具备的定式思维和组织的熵增惯性，大家眼里总是远一点的果树苹果更大，总是抢低垂的红果子，更重要的是摘了半天跟竞争对手还拉不开差距。大家都知道树顶的果子最红、最大、最好吃，因为摄取了最充分的阳光，可是我们不能忽略摘这个大苹果的难度最大。就像目标客户是大企业，看起来美好，可是付出的成本和承担的风险也最高。企业目标要匹配自己的能力和资源。最好的战略是让企业目标和资源实现最佳匹配。

利基市场就是 2B 创业企业寻求的最优策略。举个例子，如果你是 YQ 公司的 CEO，根据表 10-3 的信息，你会选择哪个细分市场作为利基市场？

表 10-3 YQ 公司细分市场分析

YQ 公司 | SaaS 产品 细分市场	付费意愿 / 分	增值销售 /%	客单价: 20 万元 平均结单周期	潜在客户数量
A 细分市场	5	10	2 个月	2000
B 细分市场	10	50	6 个月	1000
C 细分市场	8	50	3 个月	3000
D 细分市场	3	0	3 个月	10 000

付费意愿取决于产品对于客户来说是否是刚需,以及该细分客户是不是金主客户。金主客户所在的细分行业发展蓬勃,企业的营收和利润情况较好,可支配购买工具的预算充沛。增值销售百分比体现了客户增购其他功能模块的情况,说明客户对产品的实际使用是可延展的。

YQ 公司的 CEO 最终确定 C 细分市场为利基市场,虽然 B 细分市场也很有吸引力,但是当下公司资源有限,C 细分市场的结单周期只是 B 的一半,而且潜在客户数量是 B 的 3 倍。如果通过 2~3 年的发展,YQ 公司集中所有资源在 C 细分市场进行饱和攻击,将获得 30% 的市场份额,这是有战略价值的。当然,CEO 心里也清楚,一旦实现规模化增长,只要公司的条件成熟,会尽早启动 B 细分市场,前提是 C 细分市场的规模化增长已经进入高速道。同时 CEO 深刻认识到,在实现 C 细分市场成功的过程中,YQ 公司将修炼企业的成功基本功——人才、组织力、营销方法论、客户成功体系和公司文化。企业基本功强了,以后开拓新细分市场的效率就会大幅提升。

10.3.2 破圈

SaaS 企业找到了利基市场,接下来就要破圈,从 SaaS 圈进入利基市场的专业圈。

破圈首先解决认知问题，下面介绍 3 个行之有效的方法。

- 长老会。邀请利基市场里面的资深老人来聊一聊。我们称这些行业资深人士为长老，他们可能是从业 20 年以上的高管，可能是利基市场行业协会的专家，也可能是在这个行业四通八达的枢纽型人物。一般跟长老们聊一天，对利基市场的结构就能有清晰的认知。
- 面试。因为要主攻利基市场，所以现在招人也有了明确的画像，招聘经理会邀请很多来自利基市场的市场人员、销售人员、渠道经理一起聊一聊。CEO 也会亲自跟那些销售冠军、资深渠道总监畅谈，一方面是为了招聘人才，另一方面是为了获得一线认知。
- 聊渠道。2B 领域任何一个细分市场都存在结构性的渠道和代理商，他们的视角与品牌商或者客户方又有所不同。跟几个渠道商沟通，他们会帮 SaaS 企业形成一个更加立体的认知，而且那些有意合作的渠道商更会诚心实意地帮助 SaaS 企业快速破圈。

总之，不建议 SaaS 企业自己摸索，我在 2B 领域从业近 20 年，深刻体会到，没有 5 年很难入一个细分行业；纵向的垂直行业和横向的专业领域，都是需要长期沉淀和深度积累的。

SaaS 企业组建一支来自利基市场的核心营销团队，匹配原有产品及服务团队，升级认知后就可以进入下一步，制定 SLCK 策略。

10.3.3 SLCK 策略

SLCK 是指行业解决方案（Solution）、营销杠杆（Leverage）、渠道（Channel）、标杆客户（KOL）。

1. 行业解决方案

既然企业确定了利基市场,那么产品就要根据利基市场重新梳理解决方案和销售工具。我发现很多企业在实操过程中总是很难以客户为中心做利基市场的解决方案,这里给读者提供一个模板。

第一步,展现一个真实普遍的利基市场的客户场景。

第二步,以个人、组织、企业到行业的层次展开介绍客户的痛点。

第三步,以个人、组织、企业到行业的层次展开介绍产品解决该痛点的效果。

第四步,介绍解决方案是如何执行的,突出竞争优势和独特性。

第五步,介绍客户案例。

第六步,帮客户算 ROI,总结解决方案的价值。

第七步,CTA,启动下一步与客户的互动邀约。

行业解决方案要在企业内部形成一个价值定义,之后根据这个价值定义完成 PPT、视频、网页、公众号、销售工具等材料的准备工作。行业解决方案建议和客户共创,在客户的指导下形成最佳解决方案。行业里有一些约定俗成的说法,如果企业的行业解决方案能够全面使用这些"行话",无疑会增加潜在客户的信任感。

2. 营销杠杆

无论纵向行业还是横向专业领域,都要深刻理解 2B 特色,即一群有相同专业背景的人,几十年来在一起发展产业,形成圈内既有的关系网络、信息通路、资源结构。我在公众号"ToB 营销增长"里曾分享过一个真实案例,仅用 10 个月让新品成为细分行业第一,核心原因就是深度理解所属行业的资源脉络,利用其中的营销杠杆助力企业营销增长。

3. 渠道

过去 30 年，中国众多行业高速发展，形成了成熟的代理商体系。多个细分行业均是如此，通信行业、医疗行业、电力行业、IT 行业等均有渗透全国县市级的代理商体系。一般这些代理商只专注本行业，并且只代理行业相关的产品，覆盖能力做到省级的并不多，大部分代理都根据自己的资源确定覆盖半径。

SaaS 企业确定利基市场后要先研究该利基市场的既有渠道。一个行业的渠道其实也是分层的，一般分为三层。基础层代理一般一个公司十来人，覆盖能力在县级水平，最擅长做客单价 5 万元以下的产品，好学易上手，不需要太强的专业性；中间层代理一般一个公司几十人，能够覆盖市级，善于代理十几万元到几十万元的产品，拥有长期稳定合作的客户，具备一定的售前和售后能力；顶层代理公司为百人规模，专业性较高，产品承接的范围大，不过一般这个级别的代理对客单价高、利润高的产品更感兴趣，除了直接销售，也有发展二级代理的能力，通常是品牌商的长期合作伙伴。

如果 SaaS 企业想快速铺市场，可以采用直销加渠道的营销策略，不建议采用全渠道的销售策略，那样会阻断 SaaS 企业和客户的直接沟通，不利于 SaaS 企业理解客户，改进产品及优化营销策略。无论何时，企业都要走到一线紧密贴近客户，这点对于 SaaS 企业的发展尤其关键。

4. 标杆客户

2B 行业一定要善于建立和运营标杆客户。这不由 SaaS 企业决定，而是由行业客户的意识形态决定。专业领域都在拼"专业"二字，专业是有差异的，差异造成了结构，比如院士、教授、讲师就是一个专业差异结构，自然院士支持的观点最权威。

2B 企业一定要构建标杆客户，标杆客户一定是业内公认的有示范性的头部企业或公认的专家。

曾经有位 SaaS 创始人打算把一家小企业作为标杆客户，他认为这个企业基础差，如果他们的 SaaS 工具都为其赋能，是很有说服力的。这只是创始人的自圆其说，SaaS 工具完美赋能这个小企业，并不能立刻让其成为行业公认的头部企业，无法对行业产生影响力并起到标杆作用。标杆背后是权威，在行业里做不到头部的企业是没有实际的权威力和影响力的。标杆企业只能是头部企业，当然可以是区域的头部企业，并非只能是全国的那几家头部企业。

创业本来就是整合资源、拼资源的过程，创始人要善于整合资源，让自己的企业获得更多的优质资源，提高企业进入利基市场的基线。

10.3.4　饱和攻击营销法

饱和攻击营销法是华为最先提出的概念。华为是 2B 领域典型的大项目型业务企业。SaaS 企业要学习华为，但是不能照搬华为的营销套路，因为华为的饱和攻击营销法主要来源于基站业务的销售。基站业务运营商项目客单价高达几十亿元，结单周期几年；小型企业客户客单价几百万元，大企业客户客单价几千万元。华为的价值交换效率跟 SaaS 企业有很大差别，SaaS 企业要学的是华为的方法论。

1. 两环七招

孟庆祥老师在《华为饱和攻击营销法》一书中详细介绍了五环十四招。结合 SaaS 导弹式增长，我将五环十四招升级为两环七招，如图 10-5 所示。两环七招是 SaaS 饱和攻击的营销法，两环是指销售全流程管理和产品全生命周期管理；七招是营销团队饱和攻击要准备的 7 项重要工作，涵盖战略、销售工具和市场工具 3 方面。

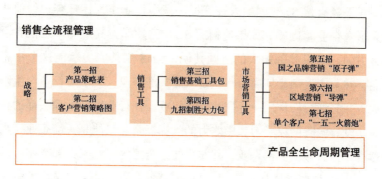

图 10-5　SaaS 饱和攻击营销法——两环七招

2. 两环之一：销售全流程管理

销售全流程管理就是从线索到营收的全流程管理，一般由市场负责人或者销售运营负责人负责。虽然销售全流程跟 R2R 式增长模型的销售流程一样，但是运营重点不同。R2R 式增长重点要提升销售流程的效率，导弹式增长的销售流程更多受客户采购流程和决策流程限制，因为 SaaS 企业可控度低，所以销售流程更多是销售跟进项目、企业管理客户全生命周期的工具。

销售全流程要管理线索数量及转化率，遇到问题时要从客户需求中找根本原因并不断优化。

要完成一条产品线的年度营销计划，我们先要盘点一下手里的商机，大项目的结单周期一般为 3～6 个月及以上，2021 年签订的合同，80% 都是 2020 年的线索。如果线索不够，意味着至少 2021 年前两个季度要集中开展增加线索的市场营销活动。

❑ 管理线索数量，要基于年度目标制定挖掘线索的营销计划。

☐ 管理转化率，包括从 RL 到 MQL 的转化率，MQL 到 SQL 的转化率，SQL 到 Rev 的转化率。

下面介绍一个 2B 行业智造企业案例，适用于 SaaS 客单价 10 万元以上的企业，如图 10-6 所示。

YQ智造公司2021年线索计划				
产品线A	负责人	A产品市场经理		
		人民币		
	市场价	1 600 000		
	净价	1 280 000		
	利润	46%		
	年营收	100 000 000		
	销售数	80		
	线索	市场成熟线索	销售认可线索	营收预测（台）
数量	1200	260	60	60
平均转化率	5%	35%	35%	
缺口	20台	激励目标	增加40台，即到100台	
销售线索增加计划，从60台到100台				
	线索	市场成熟线索	销售认可线索	营收预测（台）
数量	2000	370	90	100
平均转化率	6%	40%	35%	
线索增加行动计划				
月份	行动		负责人	
1月	通过××渠道增加100个RL		美美	
2月				
3月				
4月				
5月				
6月				

图 10-6 YQ 公司 2021 年线索计划

YQ 是一家智造企业，美美是产品线 A 的市场产品经理，负责这条产品线 2021 年的营收。美美负责的核心财务指标有两个——

营业额、利润率。产品的市场价是 160 万元 / 台，折后净价是 128 万元 / 台，完成 1 亿元的销售目标需要卖出 80 台产品。美美自然要规划出余量，以应对各种不确定性，于是她订了一个有挑战的目标——销售 100 台产品。

2021 年能否完成业绩，就要看销售漏斗里的线索数量是否充足。根据 2020 年年底销售漏斗里已有的线索数量和转化率，美美算出 2020 年获得的线索可以为 2021 年贡献 60 台的订单，跟公司的销售目标相差 20 台，跟美美自己的销售目标相差 40 台。

围绕这 40 台的缺口，美美做了市场计划，上半年的工作决定了她能不能实现自己的销售目标。我们从美美的计划里可以看到，她从数量和转化率两个方面开展行动。

- RL 从 1200 增加到 2000，转化率从 5% 提高到 6%。
- MQL 从 260 增加到 370，转化率从 35% 提高到 40%。
- SQL 从 60 增加到 90，转化率不变（SQL 到 Rev 的转化率，主要由销售负责，短期内美美不打算花费太多精力在这个点进行优化）。

这当然不是一个数字测算游戏，重要的是我们要深度了解市场，深度理解业务细节，我们明白每个数字后面意味着什么，怎么来的，怎么才能变化。

在客单价稳定的情况下，增加线索数量或者提高转化率，就是营销一年内的主要工作。当我们遇到问题时，要回归客户需求上找答案。

美美最大的挑战是 MQL 的增量和转化率。我们重点看 MQL 到 SQL 的转化率从 35% 提升到 40%。MQL 是明确有采购产品需求的客户，SQL 是有明确预算、具体采购时间以及采购产品需求的客户。

美美看了目前 MQL 的数量,有 100 个客户有具体采购时间,但是预算还没确定。她拜访了其中几位客户,发现之所以预算没有定,是因为市场上有三家同类产品,价格差别比较大,客户需要进一步验证,再确定预算,以避免采购风险。

美美组织销售团队一起讨论,大家一致认为,YQ 的产品技术最优,稳定性最好,虽然价格偏中上,但是性价比是三家里最高的。团队需要让 MQL 不仅认识,还要体验到 YQ 产品的性价比。针对这一点,美美设计了两个行动计划。

第一个行动计划,证明性价比最高。邀请第三方机构公正测评 3 个品牌设备的某个关键性能,这是客户最关注的核心技术指标,然后请专家客观地写一篇分析文章。这个文章要多途径触达 MQL 客户。

同期,为现有客户拍摄视频,目的是展现 YQ 产品性价比高,然后通过多渠道发送给现有 MQL 客户。

第二个行动计划,让客户眼见为实。MQL 客户集中在长三角地区和粤港澳大湾区。美美挑了 4 家样板客户,销售出面谈好合作,在 3 月 15~30 日,邀请 MQL 客户参观样板,并有同事讲解,讲解的重点则是"性价比优先,选 YQ 最英明"。

两个行动计划落实后,团队信心满满,等待着数据的变化。美美知道,数据推动她去客户那里找答案,根据答案设计新的营销行动,一定会带给她更好的数据。

销售全流程的每个环节,都可以根据"市场洞见"制定策略,制作销售工具,策划市场开拓方案。

提到制作销售工具,这里讲一个小故事。

我工作过的一家公司,产品特别多,我们推行 3 分钟打动客户的策略。初期我们发现,这个策略虽然有效,但是话术太多了,销售记不住。

后来我们做了一个小工具——产品 3D 卡集。每张卡正面是产品的 3D 图，背面是 3 分钟打动客户的话术。销售记不住话术的时候，可以拿出卡片给客户看正面，自己则看到背面的话术。客户觉得 3D 图挺有趣，往往多看几眼，销售则趁机把打动客户的话术加工一下传递出去。

3. 两环之二：产品全生命周期管理

产品全周期管理包括两方面：一方面管理产品的年度财务数据，另一方面管理产品的功能优化及迭代。我们以年度为单位，2021 年产品的价格和折扣应该是这条产品线的产品市场经理负责。那么在 2020 年年底就要制定 2021 年产品策略，包括价格和利润、年度营收预测。

一般 2B 产品的生命周期是 3~5 年，如果技术迭代快，也有 2~3 年就需要更新换代的。有时，为了获取竞争优势，会做产品性能单点升级，抢先其他竞品，提升产品竞争力。我们再把美美的工作成果拿出来看一下，如图 10-7 所示。

美美打算通过 5 年运营，使产品线 A 成为细分行业领导者。在细分市场有 2 个主要竞争对手：B 的技术好，价格高；C 的技术差一些，价格低。美美打算首先上市 A 的高技术版，比 B 的技术好，价格持平，定价 160 万元。在 2022 年上市 A 的功能简化版，价格方面压制 C，定价 90 万元。

经过 5 年，美美实现了产品市场占有率 38% 的目标。

4. 七招

招数就是一种套路。套路是成功点的浓缩，学习标杆企业的套路是提升一个人或一个组织能力基线的最佳办法。

图 10-7　YQ 智造公司 A 产品线规划

七招里面包含战略层面的 2 个重要工作，即产品策略表和客户营销策略图；2 个销售工具，即销售基础工具包和九招制胜大力包；3 个市场营销工具，即国之品牌营销"原子弹"、区域营销"导弹"、单个客户"一五一火箭炮"。

（1）产品策略表

产品策略表是战略层面的重要工作之一，是产品经理制定的产品策略方案，包括该产品的营收目标、财务指标规划、市场进入策略等，目的就是一张表说明产品如何成功上市为企业带来营收增长。

（2）客户营销策略图

这是战略层面另一项重要工作，需要对目标客户进行详细的分析，包含客户分析及分级、样板客户规划。

客户分析及分级，对目标市场的客户进行详尽分析，包括采购模式、流程等。然后进行分级，根据客户潜在采购规模、决策模式复杂程度进行分级。这就是目标客户营销的底层思维，针对不同层级的客户采取更精准的营销战术。

样板客户规划，可以说得绝对一点，任何 2B 企业都需要样板客户。因为 2B 客户的采购是理性决策为主，感性决策极少，不但需要方案有理有据，还需要有已验证的成果，也就是样板。销售说得再好，都不如让客户去现场看看。样板客户是快速加强 2B 品牌和潜在客户之间信任的有效工具。

举个例子，YQ 公司 A 产品的产品策略是要在制造业目标客户集中的一级目标市场构建标杆客户。其中上海、广州是饱和攻击营销的战场，已经建成样板客户，销售可以带潜在客户去参观。

（3）销售基础工具包

这是销售工具之一，专为销售团队提供新产品销售工具，包含以下内容。

- ❏ 产品彩页、技术参数表、解决方案 PPT。
- ❏ 3 分钟打动用户系列物料（单页、卡片、小视频）。
- ❏ 竞品工具（竞品分析 PPT、显化竞争优势专业文章、第三方报告）。

（4）九招制胜大力包

这是销售工具之二，是根据销售流程制定的配套工具，华为的饱和攻击营销法里的九招制胜可以直接套用。下面深度解读每一招，如图 10-8 所示。

第 10 章 SaaS 增长模型：导弹式

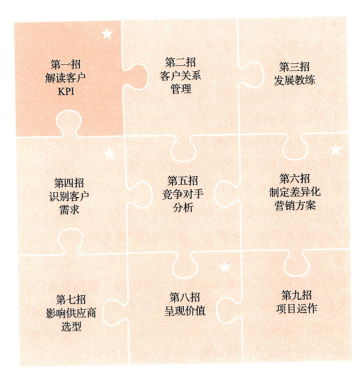

图 10-8 九招制胜图

这九招主要是销售的套路，市场团队可以制作工具包贯穿这九招，放在内网或者小程序上，供销售随时取用，因为是站在销售的九步套路上准备的，所以销售用起来会很顺手。

九招制胜工具包举例如下。

- ❏ 第一招，解读客户 KPI：提供某客户的 KPI 解析范例。
- ❏ 第二招，客户关系管理：客户生日送上祝福。
- ❏ 第三招，发展教练：建立教练档案。
- ❏ 第四招，识别客户需求：建立客户需求列表并解读。
- ❏ 第五招，竞争对手分析：制作竞品对比 PPT、竞品报告。

❏ 第六招，制定差异化营销方案：制定差异营销解决方案 A、差异营销解决方案 B。
❏ 第七招，影响供应商选型：提供 2020 年最佳选型案例。
❏ 第八招，呈现价值：提供价值视频、价值故事集。
❏ 第九招，项目运作：提供 2020 年最佳项目运作案例。

(5) 国之品牌营销"原子弹"

这是市场营销工具之一，市场团队要站在国家政策层面去整合资源，为企业树立卓越形象，要高举高打地建立品牌形象。品牌营销"原子弹"应该包含国际及国家专业大会、国际及国家专业媒体报道、国际及国家专业期刊、专业 KOL 背书等。

(6) 区域营销"导弹"

这是市场营销工具之二，配合区域销售，根据线索在区域的聚集情况，展开有目的性的营销活动。区域影响导弹应该包含以下两个详细的计划和方案。

❏ 围绕样板客户的区域孵化及裂变活动。
❏ 根据 SQL 聚合情况，开展的区域线上及线下整合营销方案。

(7) 单个客户"一五一火箭炮"

这是市场营销工具之三，供销售人员使用，以提高单个客户营销质量与效率。

"一五一火箭炮"是华为销售电信设备的最小流程，意思是一支队伍，一个资料库，5 种销售动作（参观公司、参观样板点、现场会、技术交流、高层拜访）。

同样，市场团队也可以提供一个标准的营销方案包，延续"一五一火箭炮"的步骤。

1）带客户参观公司，了解流程及标准。

2）制作样板列表、参观标准流程、讲解 PPT、样板宣传视频、样板照片集。

3）制作现场会策划案、现场会 PPT 合集。

4）制作技术交流方案合集。

5）制定高层拜访标准及流程、高层拜访影集和媒体汇编。

10.4 数字时代垂直行业 SaaS 的必然性

深刻理解数字时代的 SaaS 企业才能做出基于本质洞见和富有远见的战略规划。

10.4.1 数字时代和互联网时代的本质区别

我经常思考互联网时代和数字时代的本质区别是什么，虽然还没有得到绝对的答案，但是不妨跟读者分享。或许这个问题本身就没有绝对的答案，数字时代随着社会的发展也在自我进化。

互联网时代的核心是信息的承载和传递，网络覆盖的范围越大、连接的人越多，拥有的网络效应越强。数字时代则大不相同，数字是生产材料，经过各种工具和系统的加工，数据变成提供更聪明决策的方案。$XaaS$ 的目的是提供更聪明的决策服务，更聪明的决策一定是朝着垂直纵深应用方向发展的。由此可见，$XaaS$ 追求的应该是一条纵深发展之路。

10.4.2 垂直行业需要小而美的 SaaS 产品

钉钉副总裁、商业化与开放平台总经理任卿曾谈到，他们一群做 2C 的人突然闯入 2B 领域，完全没有想到 2B 如此复杂，从客户需求到渠道与厂商的关系，跟 2C 的复杂度简直就不是一个数量级的。钉钉以客户为中心的理念，是其在 2B 领域取得成功的核心优势,因为 2B 领域还没有彻底走完工业时代以"产品为中心"的营销周期。

当下,新旧交替进入"以客户为中心"的营销时代。2C 领域的钉钉有着基因层面的优势,自己开发企业级客户的产品投入了巨大的成本,后来认识到 2B 客户需求的专业性和复杂性,不是钉钉通过做产品就能满足的。在交了昂贵的学费后,钉钉围绕"让客户满意"快速做出战略调整,从自己做产品到构建基础设施打造生态,邀请众多独立软件开发商来服务企业客户,独立软件开发商必须提供让企业客户满意的产品,能做到的留在生态里,钉钉为其赋能,提供流量、销售渠道及其他资源支持,不能做到的会被淘汰,对于企业客户没有被满足的需求,由钉钉自己来做产品满足。

整体上,钉钉对自己的定位是生态运营者,而非 SaaS 产品提供者。钉钉的战略是正确的,因为数字时代不可能像互联网时代那样,有技术有资本的企业就能成为大部分客户的平台。在数字时代,2B 客户需要的是 SaaS 将数据加工成更聪明的决策,为 2B 企业赋能。这里面的决策模型既专业又无穷举,根本不是哪家企业靠技术或者资本就能实现的。需要更多对每个细分行业深度理解的企业提供更专业的方案。

SaaS 赛道,包括未来 AI、物联网等技术在 2B 领域的应用,只要本质是加工数据形成更聪明决策的产品,都是重度垂直的,背后是深度的行业认知和专业性,需要很多专精型的 SaaS 产品。

10.4.3　SaaS 企业成功与否的衡量标准

SaaS 企业的成功不该像互联网企业那样追求大规模,那么 SaaS 企业的成功该如何衡量?仁者见仁,智者见智,创始人和投资家看问题的视角也不尽相同。站在客户的角度来定义,被客户认可并且价值交换效率高的 SaaS 企业就是成功的。满足这两条的 SaaS 企业可以实现持续成长。

10.5　本章小结

SaaS 的本质是服务，符合导弹式增长的 SaaS 产品，提供的服务已经进入客户的核心业务流。导弹式规模化增长始于找到利基市场；基于利基市场，匹配 SLCK 策略完成战略制定，集中资源进行饱和攻击营销，获得利基市场 30% 以上的市场份额，成为细分市场的领导品牌。在一个利基市场取得成功后，SaaS 企业获得了品牌力，也拥有了成为市场领导者的方法论、运营体系和组织力。这种软实力，会助力企业实现持续的增长和成功。

推荐阅读

SaaS增长方法论
978-7-111-70706-6

SaaS攻略：入门、实战与进阶
978-7-111-69781-7

SaaS商业实战：好模式如何变成好生意
978-7-111-67958-5

客户成功：持续复购和利润陡增的基石
978-7-111-65713-2

用户运营四部曲

种子用户方法论

种子用户是创新、转型、新产品的灵魂！如何让创新可控，如何让新产品风靡，这本书给出了方法论。

本书在研究了跨越百年、涵盖近20个产业的创新、新产品的基础上，进一步追踪了人工智能、区块链、IoT时代，各类组织应用种子用户方法论及其工具进行的创新项目，针对"创新可控、新品风靡"给出了寻找和培养种子用户的具体行动步骤，帮助个人及组织实现从红海向蓝海的跨越。

用户运营方法论

百度资深产品和运营专家10余年经验总结，凝聚百度、小米、猫扑用户运营思想与方法精髓。

产品和运营双重视角，从9个维度全面讲解用户运营思维、方法、技巧，带你快速从新人到行家。

用户画像

超级畅销书，用户画像领域的标杆著作。

从技术、产品和运营3个角度讲解如何从0到1构建用户画像系统，同时它还为如何利用用户画像系统驱动企业的营收增长给出了解决方案。

用户增长方法论

这是一部体系化的讲解用户增长方法论的畅销书，战略层面讲解了用户增长的思维和方法，战术层面讲解了用户增长的执行要点和实战经验。

是作者10余年来在腾讯、百度和阿里从事用户增长工作的经验总结，得到了百度、腾讯、阿里、滴滴等10余家互联网企业的用户增长专家的一致好评和推荐。

推荐阅读

组织的力量：增长的隐性曲线

作者：张丽俊 ISBN：978-7-111-69587-5 定价：69.00元

组织能力是企业的生命力，战略牵引业务，业务牵引组织，组织牵引人才。推荐张丽俊的《组织的力量》，它可以帮助你理解组织如何促进企业生生不息地发展。

——刘德 小米集团合伙人、组织部部长

企业经营和管理，需要经历很多个发展阶段，如何才能做到业务持续倍增、良将如潮呢？如何在组织中建立一体化的营运系统，让企业始终走在良性发展的路上呢？我在《组织的力量》这本书中，看到了适合中国企业发展的一套实战组合策略，推荐实战家们去读这本书。

——樊登 樊登读书创始人

高效研发：硅谷研发效能方法与实践

作者：葛俊 ISBN：978-7-111-69817-3 定价：89.00元

数字化时代，提升研发效能是组织的共同期望和挑战，而这需要系统方法的支持。葛俊是软件技术研发和团队管理的资深实践者，他既有在硅谷长期深入的工作经验，也了解国内的技术、工程和管理现状。在本书中，他带领我们回到本源，从研发效能的根本问题出发，层层推进，从个人效能、流程优化、团队效能以及管理和文化角度，为我们提供了系统的指导原则和可操作的落地实践指南。

——何勉 阿里巴巴资深技术专家/《精益产品开发：原则、方法和实施》作者

葛俊老师十七年磨一剑，结合他在国内外一线公司推进研发效能的成功经验与失败经历，给技术人带来一套能够落地的研发效能工作法。在这本书中，你不但能找到适合一线技术负责人的系统性方法和理念，而且能找到实操性强的优秀工程师技能养成方法，这本书可以说是一本研发效能从组织到个人实战经验的百科全书，非常值得阅读和收藏。

——李倩 KodeRover 创始人兼CEO/CTO